캐릭터로 보는 와인도감

Wine図鑑

지은이 시다카 아키 일러스트 나카이 와코 옮긴이 신도현

경당

들어가며

와인이라고 하면 왠지 어렵고, 가까이 다가가기 힘든 술처럼 느껴집니다. 라벨을 봐도 무슨 뜻인지 알 수 없고, 와인숍에서는 어떻게 질문해야 할지 막막하며, 소믈리에가 있는 레스토랑에서는 괜히 긴장이 되곤 하지요. 이런 이야기를 자주 듣습니다.

하지만 걱정하지 마세요. 사실 와인의 세계를 즐길 수 있는 작은 요령이 있습니다. 바로 와인을 만드는데 사용되는 포도 품종의 개성을 익혀두는 것입니다. 놀라실지도 모르지만, 와인의 향과 맛은 포도 품종별로 "이거다!"라고 말할 수 있을 만큼 뚜렷한 특징이 대체로 정해져 있습니다.

이 책에서는 그러한 포도 품종들을 특별한 방식으로 소개하려 합니다. 바로 의인화를 통해서입니다. 다소 무미건조하게 보일 수 있는 포도(실례지만!)도, 인간과 같은 개성을 지닌 캐릭터로 변신하면 전혀 새로운 시각과 흥미로운 이야기가 펼쳐집니다. 캐릭터의 표정은 물론이고, 헤어스타일과 의상, 그리고 작은 소품 하나까지 눈여겨보세요. 품종마다 지닌 성격이 자연스레 드러날 겁니다.

어쩌면 직장 동료나 상사, 혹은 친구를 닮은 캐릭터를 발견할 수도 있습니다. 개성이 강한 '괴짜형'도 있고, 마음이 끌려 '최애'가 되어 줄 캐릭터도 있을지 모릅니다. 그렇게 만난 포도 품종 덕분에, 당신만의 애정 와인이 생길지도 모릅니다.

웃기도 하고, 고개를 끄덕이기도 하면서, 즐겁게 포도 품종의 특징을 배울 수 있을 것입니다. 자, 이제 포도 품종들과의 설레는 만남 속으로 함께 여행을 떠나봅시다!

목차 *Contents*

WineFile001.
프랑스를 대표하는 포도 품종

Part 2
와인을 골라보자

WineFile 002.
이탈리아를 대표하는 포도 품종

Part 3
집에서 와인을 즐겨보자

WineFile003.
기타 유럽을 대표하는 포도 품종

Part 4
와인 초보에서 와인 고수로

WineFile004.
유럽 이외의 국가를 대표하는 포도 품종

Part 5
레스토랑에서 와인을 마셔보자

북디자인 bookwall
DTP 주식회사 캡스

※이 책에서 다루는 정보는 2024년 10월 현재의 내용을 기준으로 하고 있습니다.

참고 문헌 :
- The Oxford Companion to Wine (5th edition)/Julia Harding MW; Jancis Robinson OBE MW; Tara Q. Thomas
- Italian Wine Unplugged 2.0
- French Wine Essentials/Wine Scholar Guild
- Pedigree Reconstruction of the Italian Grapevine Aglianico (Vitis vinifera L.) from Campania/Gabriella De Lorenzis

Part 1

와인의 기본

Explanation

와인의 세계에 오신 것을 환영합니다

와인의 세 가지 매력

와인은 맛있고, 즐거운 술입니다. 거기에 조금만 지식을 더하면, 즐거움이 100배가 됩니다. 먼저, 다른 어떤 술에도 없는 와인만의 매력을 소개합니다.

1 세계에서 가장 단순한 술

와인은 '단순하다'는 점에서 특별합니다. 이 단순함에는 두 가지 의미가 있습니다.

하나는 원료가 단순하다는 것. 달콤하든, 신맛이 나든, 향이 복잡하든 **와인은 오직 포도 하나로만 만들어집니다**. 기본적으로, 단맛의 재료나 떫은맛 성분, 심지어 물조차 첨가하지 않습니다.

두 번째는 만드는 방법이 '단순하다'는 점입니다. 극단적으로 말하면, **와인은 '포도를 으깨서 그냥 두는 것'**만으로 만들어지는 아주 간단한 술입니다(물론 실제 과정은 훨씬 더 세밀합니다).

와인은 기원전 6000년경부터 이미 만들어졌다고 전해집니다. 이렇게 오래전부터 와인이 존재할 수 있었던 건, 단순한 원료와 단순한 제조법 덕분이었겠지요.

② 종류가 많은 술

와인은 크게 4가지 타입으로 나뉩니다.

거품이 없는 와인을 **스틸 와인**, 거품이 있는 와인을 **스파클링 와인**, 브랜디를 첨가해 도수를 높인 와인을 **주정 강화 와인**, 향을 더한 와인을 **플레이버드 와인**이라고 합니다.

이외에도 **화이트/레드/로제/오렌지 와인**처럼 색으로 나뉘거나, **드라이/스위트**처럼 맛으로도 구분됩니다.

와인에 사용되는 포도 품종은 **약 1500종**. 게다가 매년 달라지는 **빈티지(수확 연도)**의 개성을 고려하면, 와인의 종류는 사실상 무한대라 할 수 있습니다. 이토록 다양한 술은, 와인 외엔 좀처럼 없습니다.

③ 바람피워도 되는 술

와인은 단순한 술이기에, 포도 품종의 개성이 뚜렷하게 드러납니다. 그 품종이 약 1500가지나 되니, 아무리 많이 마셔도 "이 품종은 처음인데?"라는 놀라움을 평생 느낄 수 있을 겁니다. 얼마 전, 나도 처음 들어본 품종 '지로'를 마시며 "이거 사람 이름이야, 아니면 라멘집 이름이야?"하고 놀란 적이 있었지요.

맥주라면 "○○ 브랜드만 마신다"는 사람도 있겠지만, 와인이라면 **될 수 있는 한 다양하게 '바람'을 피워보길 추천합니다**. 그 편이 새로운 와인을 만날 기회가 훨씬 많으니까요.

이 책을 곁에 두고, 아직 마셔보지 못한 포도 품종을 찾아 떠나는 여행을 시작해보세요.

Explanation

포도 품종

먼저 '품종'을 알아두자

치와와, 래브라도처럼 개에게도 품종이 있듯이, 포도에도 품종이 있습니다. 품종마다 모양, 색, 크기, 향, 그리고 수확 시기(일찍 익는 품종은 '조숙', 늦게 익는 품종은 '만숙')가 모두 다릅니다.

이러한 **포도의 종류를 '포도 품종'이라 부릅니다**. 샤르도네 ⇒p44, 카베르네 소비뇽 ⇒p50, 피노 누아 ⇒p54 등이 대표적인 예죠. 와인에 사용되는 포도는 크게 '청포도'와 '적포도' 두 가지로 나뉩니다. 청포도에서는 화이트 와인과 오렌지 와인이, 적포도에서는 레드 와인이 만들어집니다(로제 와인은 두 종류 모두로 만들 수 있습니다).

와인을 잘 이해하려면 품종을 아는 것이 가장 빠른 길입니다. 각 품종의 특징을 알고 있으면, 와인을 고를 때도 훨씬 수월해집니다. 예를 들어, "오늘은 상쾌한 기분을 즐기고 싶으니까, 허브 향이 나는 소비뇽 블랑을 마셔야겠다" 처럼 **기분이나 취향에 맞는 와인을 손쉽게 고를 수 있습니다**.

이 책에서는 여러분이 품종의 특징을 보다 쉽게 이해할 수 있도록, 각 품종을 캐릭터화하여 소개합니다. 캐릭터를 통해 그 품종의 향, 맛, 성격, 그리고 가족 관계를 알 수 있으니, 즐겁게 와인의 세계를 배워보세요!

와인 이름과 포도 품종 이름의 차이

와인 라벨에 적힌 '와인 이름'과 '포도 품종명'이 항상 일치하는 것은 아닙니다.

특히 유럽의 고급 와인은 대부분 와인 이름이 품종명이 아니라 지명입니다. 예를 들어, 프랑스 와인의 'Chablis(샤블리)', 'Vosne-Romanée(본 로마네)'는 모두 토지의 이름이며, 이탈리아의 'Barolo(바롤로)', 'Chianti(키안티)' 역시 마찬가지입니다. 유럽의 고가 와인 라벨에는 보통 품종명이 적히지 않고, 대신 토지명이 크게 표시되어 있습니다. 그것이 곧 와인 이름이 되는 것이죠.

반면, 유럽 밖의 나라들, 예를 들어 미국이나 호주, 칠레 등에서는 라벨에 포도 품종명이 더 크게 적히는 경우가 많습니다.

예를 들어 'Robert Mondavi Winery Cabernet Sauvignon'이라면, 'Robert Mondavi Winery(생산자 이름) Cabernet Sauvignon(포도 품종)'이 곧 와인명입니다. 이 경우, 와인명에 산지 이름은 포함되지 않습니다.

라벨의 세부적인 읽는 법은 별도의 칼럼에서 다루지만, 우선은 '와인 이름 ≠ 포도 품종명'임을 기억해두면 됩니다.

One Point!

맥도날드를 일본 간토 지방에서는 'マック(막쿠)', 간사이 지방에서는 'マクド(마쿠도)'라 부르듯, 같은 것이지만 지역에 따라 이름이 달라질 때가 있습니다. 와인 세계에서는 이런 것을 '시노님'이라고 합니다.

예를 들어, '시라'⇒p52 는 프랑스식 이름이지만, '쉬라즈'⇒p205 는 호주식 이름입니다. 물론 카베르네 소비뇽처럼 어느 나라에서도 이름이 변하지 않는 품종도 있습니다.

맛

와인의 스타일을 결정하는 요소

와인을 한 모금 머금으면, 그 안에 다양한 맛의 층이 느껴집니다. 이 맛의 요소는 크게 세 가지, 즉 **당도(단맛)**, **산도(신맛)**, **탄닌(떫은맛)** 으로 나눌 수 있습니다.

화이트 와인은 산도가 핵심

화이트 와인에는 탄닌(떫은맛)이 거의 없으며, 단맛과 산미, 두 가지 요소로 이루어져 있죠. 즉, 레드 와인보다 단순하고 깨끗한 구조를 가집니다.

화이트 와인에서 가장 중요한 건 **산도**입니다. 산이 높으냐 낮으냐에 따라 인상이 완전히 달라집니다. 산이 높으면 상쾌하고 시원한 맛, 산이 낮으면 부드럽고 둥근 인상을 느끼게 됩니다.

또한, 산의 성질에 따라서도 느낌이 바뀝니다. 레몬을 베어 문 듯한 날카로운 산이라면 프레시하게, 요거트 같은 부드러운 산이라면 온화하게 느껴지죠. 참고로 산도가 높다는 점은, 와인을 스위트 스타일로 만들었을 때 긍정적으로 작용합니다. 다른 음료를 떠올려 보면 이해가 쉬운데, 예를 들어 레모네이드처럼 달콤하면서도 새콤한 맛은 누구나 맛있게 느끼죠.

레드 와인은 탄닌이 핵심

레드 와인은 당도, 산도, 탄닌의 세 요소로 이루어져 있습니다. 그중에서도 핵심은 바로 **탄닌**. 탄닌의 강도에 따라, 와인의 인상이 크게 달라집니다.

탄닌과 산이 동시에 느껴지면, 입안이 살짝 조여드는 듯한 '아린 느낌'을 받습니다. 한 번 상상해보세요. 커피를 마시면서 레몬을 먹는다면? 입안이 당기고, 불편할 겁니다.

그래서 레드 와인의 맛은 탄닌을 중심으로 결정됩니다. 기본적으로 **시소처럼 균형을 이루는 구조를 가지고 있어서, 탄닌이 강할 때는 산이 낮고, 탄닌이 약할 때는 산이 높아집니다**.

탄닌이 많으면 묵직하고 깊은 맛, 탄닌이 적으면 가볍고 부드러운 맛으로 느껴집니다.

▼ 맛을 결정하는 세 가지 요소

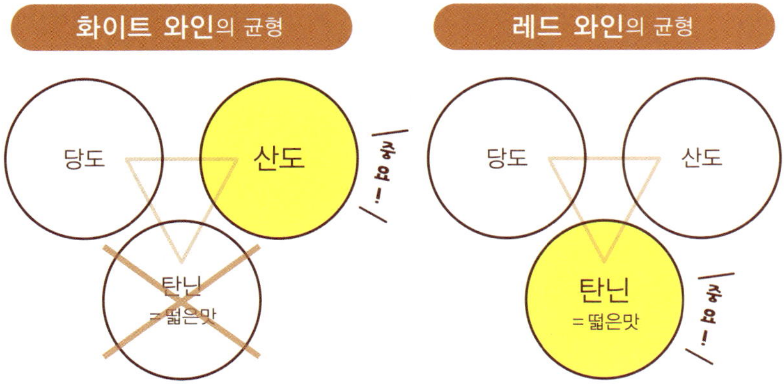

Explanation

향

'포도로 만든다=포도향이 난다'는 뜻은 아니다

와인은 향기를 즐기는 술입니다. 한 잔의 와인에는 무려 200가지가 넘는 향이 숨어 있습니다. **크게 나누면 과일, 꽃, 식물, 향신료 계열**로 구분할 수 있습니다.

잔에 코를 가까이 대면 이 모든 향이 한꺼번에 부드럽게 피어오르기 때문에, 와인을 처음 마실 때는 그저 '달콤한 향이 난다'고 느끼실지도 모릅니다. 하지만 익숙해지면 과일이나 스파이스의 향을 하나씩 찾아내실 수 있을 거예요.

흥미로운 점은, 와인의 원료가 포도임에도 불구하고 포도 같은 향은 거의 느껴지지 않는다는 것입니다.

애매하고 찾아내기 어려운 향도 많으니, 우선은 "와인에는 정말 다양한 향이 있구나"하고 편하게 즐기시면 됩니다.

예를 들어 대표적인 것이 '미네랄 향'입니다. 미네랄워터를 마셨을 때의 느낌, 젖은 바위 표면의 냄새, 돌을 문질렀을 때의 향 등으로 표현되지만, 전문가들 사이에서도 의견이 엇갈려 어떤 표현이 맞는지 아직 결론이 나지 않았습니다. 그 밖에 '젖은 짚', '말린 고기'처럼 다소 독특한 향도 있습니다. 이런 애매한 향을 찾기 어려운 건 당연한 일입니다.

향기는 어디에서 올까?

와인의 향기는 포도 껍질이나 과즙 속에 들어 있는 향기 성분에서 비롯되기도 하고, 알코올 발효 과정 ⇒p28 에서 새로 생기기도 합니다. 또 오크통 숙성 ⇒p30 중에 나무에서 배어 나오는 향이나, 병 속에서 숙성되는 동안 ⇒p32 일어나는 변화로 생기는 향도 있습니다.

어떤 향이 있는지를 알고 있으면, 그 향을 찾는 즐거움이 훨씬 커질 것입니다. 아래에는 대표적인 향을 정리해 두었으니, 와인을 드시며 직접 찾아보세요.

▼ **화이트 와인에서 느낄 수 있는 과일 향**

▼ **레드 와인에서 느낄 수 있는 과일 향**

One Point!

청포도 품종에는 태어날 때부터 향이 화려한 품종과 그렇지 않은 품종이 있습니다. 전자를 '아로마틱 품종', 후자를 '논아로마틱 품종'이라고 부릅니다. 아로마틱 품종의 대표로는 리슬링 ⇒p46 , 뮈스카 ⇒p78 가 있고, 논아로마틱 품종으로는 샤르도네 ⇒p44 와 뮈스카데 ⇒p82 가 있습니다. 일반적으로 아로마틱 품종은 포도가 본래 지닌 향을 즐기는 반면, 논아로마틱 품종은 숙성 과정에서 향이 더해지는 경우가 많습니다.

산지

프랑스 영화 vs 할리우드 영화

와인의 산지는 크게 두 가지로 나눌 수 있습니다. 하나는 프랑스, 이탈리아 등 유럽의 전통 산지, 다른 하나는 미국, 호주 등 유럽 밖의 신흥 산지입니다.

유럽 중에서도 특히 프랑스 와인은 품질이 높아 다른 나라들이 본보기로 삼을 정도입니다. 그래서 **프랑스는 와인의 교과서 같은 산지**라고 해도 과언이 아닙니다.

반면, 유럽 밖의 와인 생산국 중에는 생산량이 많지 않은, 다소 희귀한 산지도 있습니다. 인도, 중국, 멕시코, 우루과이 등이 그 예입니다. 일본으로의 수입량도 적기 때문에, 이런 나라의 와인을 발견하신다면 한 번쯤 꼭 맛보시길 권합니다.

영화로 비유하자면, **유럽의 와인은 프랑스 예술영화**와 같습니다. 줄거리가 복잡하고 깊이가 있어, 처음에는 다소 난해하지만 경험이 쌓일수록 그 미묘한 맛과 여운을 이해하게 되는 스타일입니다.

반면, **유럽 이외의 와인은 할리우드 영화**에 가깝습니다. 누구나 이해할 수 있는 명확한 전개와 화려한 액션처럼, 과일 향이 풍부하고 맛이 직관적이어서 초보자부터 전문가까지 모두 즐길 수 있습니다. 이 외에도 두 지역에는 다음과 같은 차이가 있습니다.

① 역사적 차이

와인의 기원은 유럽에 있습니다. **유럽 각국의 와인 양조 역사는 매우 길고**, 프랑스는 기원전 6세기, 조지아는 무려 기원전 6000년경부터 와인을 만들어 왔습니다.

이에 비해 **유럽 외 지역에 와인이 전해진 것은 15세기 대항해시대 이후**입니다. 그 이전에는 이런 나라들에 와인을 마시는 문화가 없었고, 유럽인들이 항해와 함께 와인 문화를 전파한 것입니다.

② 환경의 차이

유럽의 주요 산지 대부분은 고위도 지역에 자리해 있습니다. 즉, 기온이 너무 높지 않다는 것이 특징이지요. 예를 들어 프랑스 보르도 지방의 위도는 45도로, 일본 홋카이도의 최북단인 와카나이시와 비슷합니다. 이처럼 서늘한 지역에서 자란 포도는 천천히 익습니다. 시간을 들여 서서히 단맛이 농축된 포도는 향과 맛이 더욱 깊어집니다.

반대로 **유럽 밖의 와인 산지는 대부분 저위도, 더운 지역입니다**. 예를 들어 남아프리카 공화국은 위도 32도로, 일본의 가고시마와 같은 위도에 있습니다. 따뜻한 곳에서 자란 포도는 당도가 높고, 과일 향이 풍부하며, 진하고 힘있는 와인이 됩니다.

③ 품종의 차이

유럽에서는 **오랜 세월 그 지역 고유의 토착 품종**으로 와인을 만들어 왔습니다. 이탈리아의 네비올로 ⇒p112 등이 대표적 예입니다. 반면, 미국 등 신세계 국가들은 원래 와인 문화가 없었기 때문에 유럽에서 포도나무를 옮겨 심었습니다. "기왕이면 유명한 품종을 심자"는 생각으로, 샤르도네나 카베르네 소비뇽처럼 **잘 알려진 국제 품종이 중심**이 되었습니다.

Explanation

희귀 등급

국민가수 vs 인디밴드

포도 품종에도 국민가수처럼 누구나 아는 스타가 있는가 하면, 인디밴드처럼 열성적인 팬층을 가진 희귀 품종도 있습니다.

편의점이나 슈퍼마켓에서는 주로 "가볍게 와인을 즐기고 싶다"는 손님이 많습니다. 또 판매원이 상주하지 않기 때문에, 누구나 안심하고 구매할 수 있는 초유명 품종(=국민가수) 위주로 진열되어 있습니다.

반면, 백화점이나 전문점에서는 희귀한 품종도 자주 볼 수 있습니다. 이곳의 손님들은 와인에 대한 지식이 깊거나, 특별한 와인을 찾는 분들이 많기 때문입니다. 또한 상주하는 소믈리에가 직접 설명해주기 때문에, 자연스럽게 인디밴드 같은 희귀 품종에도 눈길이 갑니다.

정리하자면, **편의점 → 마트 & 대형 주류 매장 → 백화점 & 전문점 순으로 판매되는 와인의 희귀 등급이 높아집니다**. 정석적인 품종을 알고 싶다면 편의점이나 슈퍼에서, 남들이 잘 모르는 독특한 와인을 찾고 싶다면 전문점을 찾아보시길 권합니다.

희귀 등급을 결정하는 세 가지 요소

① 국제 품종과 토착 품종

전 세계 여러 나라에서 재배되는 품종을 '국제 품종'이라 부릅니다. 예를 들어 카베르네 소비뇽 ⇒p50은 프랑스 보르도 출신이지만, 품질과 인기가 높아 현재는 세계 어디서나 재배되고 있습니다. 마치 BTS가 아시아를 넘어 유럽과 미국에서도 활약하며 세계적으로 이름을 알린 것과 비슷하지요. 이처럼 널리 알려진 만큼, 희귀 등급은 낮습니다.

반대로 **'토착 품종'은 그 지역에서 태어나 뿌리내린 품종**으로, 일종의 인디밴드라 할 수 있습니다. 접할 수 있는 지역이 한정되어 있어 희귀 등급은 높습니다. 이탈리아는 토착 품종의 보고로, 코르비나 ⇒p130 나 베르디키오 ⇒p120 가 대표적인 예입니다.

② 역사적 배경

오래전 유럽에서는 깨끗한 식수를 얻기 어려워 사람들이 포도를 씹어 수분을 보충했습니다. 이 때문에 수확량이 안정적인 품종이 선호되고, 불안정한 품종은 기피되었습니다. 특히 과거 '가볍게 벌컥벌컥 마시는 값싼 와인'이 인기를 끌었던 이탈리아에서는, **생산량이 적다는 이유로 어떤 품종들은 한때 멸종 위기에 처하기도 했습니다**. 그런 품종들은 당연히 오늘날 희소 가치가 매우 높습니다.

③ 재배 난이도

페코리노 ⇒p136 는 대표적인 재배가 어려운 품종입니다. 서늘한 기후와 점토질 토양이 아니면 제대로 자라지 않기 때문에, 당연히 희귀 등급이 높아질 수밖에 없지요. 반대로 샤르도네 ⇒p44 처럼 **세계 거의 모든 지역에서 문제없이 재배할 수 있는 품종은 희귀 등급이 낮습니다**.

재배 적지

품종에도 있는 '맞는 곳'과 '맞지 않는 곳'

과일에도 각각 잘 자라는 환경이 있지요. 망고는 따뜻한 곳을, 사과는 서늘한 곳을 좋아합니다. 강아지로 비유하자면 치와와는 더위에 강하고, 시베리안 허스키는 추위에 강한 편입니다. 이처럼 포도 품종에도 잘 자라는 환경과 그렇지 않은 환경이 있습니다. 이것을 **재배 적지**라고 부릅니다.

포도 품종의 **재배 적지는 일반적으로 '서늘', '온화', '따뜻'의 세 가지**로 구분됩니다.

평균 기온 16.5℃ 이하	평균 기온 16.5～18.5℃	평균 기온 18.5～21℃
서늘 대표 예 : 독일	**온화** 대표 예 : 프랑스의 보르도 지방	**따뜻** 대표 예 : 이탈리아 남부

※ 이 책에서는 포도나무의 싹이 트고 수확하기까지의 기간, 즉 생육 기간 동안의 평균 기온을 기준으로 서늘 · 온화 · 따뜻의 세 구역으로 나누었습니다.

이 구분은 대체로 적도에서 얼마나 떨어져 있는가(위도)에 따라 결정됩니다. 위도가 높을수록 기온이 낮아져, 서늘한 지역이 되는 셈입니다.

다만 예외도 있습니다. 예를 들어 아르헨티나처럼 해발 1000～3000m의 고지대 포도밭에서는 위도가 낮더라도 고도의 냉각 효과 덕분에 서늘한 기후가 만들어집니다.

기온과 지형에 따라 달라지는 와인 스타일

① 기온이 바뀌면

서늘한 여름에는 토마토가 옅은 붉은빛을 띠며 산뜻하고 신맛이 강해집니다. 반대로 더운 여름에는 짙은 빨간색에 달콤한 토마토가 익지요.

포도도 마찬가지입니다. 차가운 지역에서 자란 포도는 산도가 높고 덜 익어, 이를 원료로 만든 와인은, **화이트 와인의 경우 레몬 · 자몽, 레드 와인의 경우 라즈베리 · 딸기 같은 신선한 과일 향을 냅니다**. 맛 또한 가볍고 상쾌하며, 산미가 도드라집니다.

반대로 따뜻한 지역의 포도는 잘 익어 당도가 높습니다. 이런 포도로 만든 와인은, **화이트 와인의 경우 복숭아 · 파인애플, 레드 와인의 경우 블랙베리 · 블랙플럼 같은 달콤하고 풍부한 과일 향이 납니다**. 서늘한 지역의 와인에 비해 산미는 부드럽고, 질감이 묵직한 것이 특징입니다.

② 지형이 바뀌면

일반적으로 **평지보다 경사면에서 재배한 포도가 더 높은 품질을 자랑합니다**. 그 이유는 다음과 같습니다. ① 경사면은 햇빛을 더 고르게 받습니다. ② 경사면은 비가 와도 물이 쉽게 흘러내려 습도가 높아지지 않아, 곰팡이병 피해를 줄일 수 있습니다. ③ 경사면은 바람과 빗물이 표토를 씻어내기 때문에, 영양분이 적은 척박한 토양이 형성됩니다.

이처럼 영양이 부족한 토양에서는 포도나무의 뿌리가 물을 찾아 더 깊이 뻗습니다. 깊은 곳까지 뿌리가 닿아 있으면, 가뭄이 드는 해에도 안정적으로 포도를 수확할 수 있습니다.

토지의 등급

부르고뉴를 예로 살펴보자

'Terroir(테루아)'. 이 단어는 포도나무를 둘러싼 모든 환경을 뜻하는 프랑스어입니다. **기후, 토양, 지형(언덕인지 평지인지), 바다와의 거리 등, 포도가 자라는 데 영향을 주는 모든 자연적 요소**를 포함합니다.

특히 프랑스의 부르고뉴 지방은 '테루아가 생명'인 대표적인 산지입니다(참고로, 유럽 밖의 신세계 산지에서는 '품종이 생명'으로 여겨집니다). 부르고뉴의 포도밭은 12세기에 개발되었는데, 당시 막강한 영향력을 가진 수도사들이 토지를 세심하게 관찰하며 '좋은 땅', '보통인 땅'으로 하나하나 등급을 매겼습니다.

이러한 구분은 오늘날까지 이어지고 있으며, 와인 라벨에서 자주 볼 수 있는 **'Grand Cru(그랑 크뤼: 특급 포도밭)'**, **'Premier Cru(프르미에 크뤼: 1급 포도밭)'** 등이 바로 그 예입니다.

그랑 크뤼는 부르고뉴의 정점에 서 있는 최고 등급 포도밭으로, 아무나 소유할 수 있는 곳이 아닙니다. 그 면적은 부르고뉴 전체의 단 1%에 불과합니다. 그중에서도 가장 유명한 포도밭이 바로 '로마네 콩티(Romanée-Conti)'입니다. 와인 애호가들 사이에서는 '신이 약속한 땅'이라 불릴 만큼 뛰어난 포도밭으로, 이곳에서 만들어지는 와인은 한 병에 수백만 엔에 달하기도 합니다.

구역이 작을수록 희소하고 가치가 높다

이러한 구분은 포도밭뿐 아니라 마을, 지방 단위로도 이루어집니다. 예를 들어 라벨에 'Vosne-Romanée(본 로마네)'라고 적혀 있다면 '본 로마네 마을'의 포도를 사용한 것이고, 'Bourgogne(부르고뉴)'라고 되어 있다면 부르고뉴 지방 전체의 포도를 사용했을 가능성이 있습니다.

여기서 핵심은, **재배 지역이 좁고 한정될수록 와인의 등급과 가치가 높아진다는 점**입니다. 예를 들어 '일본산 파'보다 '교토산 파'가, '교토산 파'보다 '구조(九条)산 파'가 더 귀한 것과 같은 이치입니다.

▼ 부르고뉴의 토지 등급과 파의 등급 비교

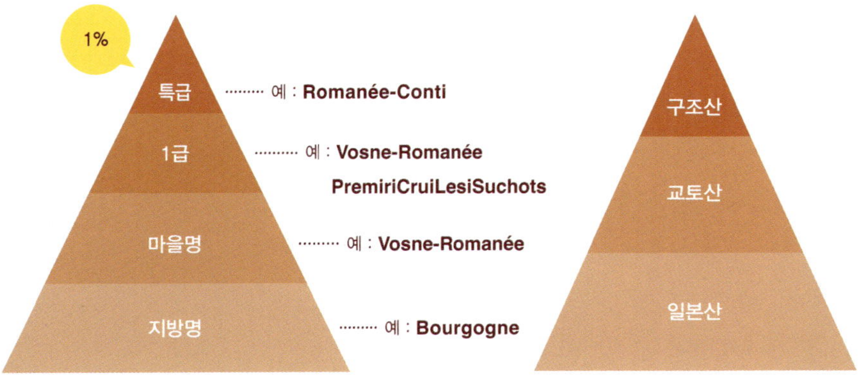

One Point!

프랑스 안에서도 와인 산지마다 등급 구분의 세밀함이 다릅니다. 예를 들어 보르도 지방은 '지방명 → 지구명 → 마을명'의 3단계 구분을 가지고 있고, 알자스 지방은 '지방명 → 특급 포도밭'의 2단계 구분만 있습니다.

Explanation

양조

알코올 발효란 무엇인가

와인이 포도주스와 다른 점은 알코올을 함유하고 있다는 것입니다. 그렇다면 이 알코올은 어디에서 생겨나는 걸까요? 이를 이해하려면 먼저 '알코올 발효'를 알아야 합니다.

포도를 으깨면 달콤한 포도즙이 나옵니다. 이 단맛, 즉 당분을 좋아하는 미생물이 바로 **'효모'**입니다. **효모는 포도즙 속의 당분을 먹으며 알코올과 이산화탄소를 만들어냅니다**. 이 변화를 '알코올 발효'라고 부릅니다.

즉, 원래는 알코올이 전혀 없던 액체가 효모의 활동 덕분에 알코올을 지닌 술로 변하게 되는 것입니다.

▼ **알코올 발효의 이미지**

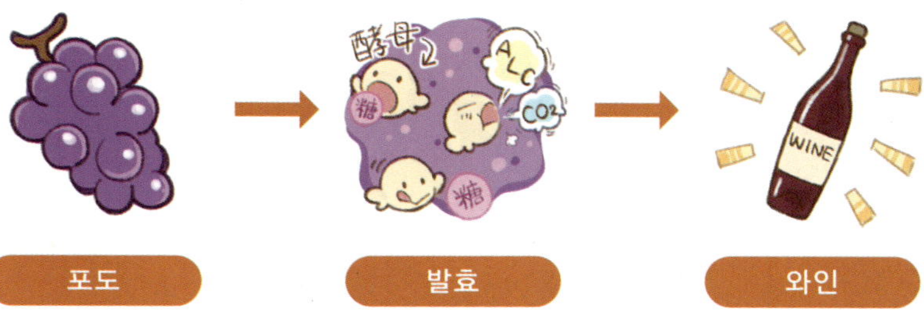

효모가 만들어내는 맛과 향의 차이

효모가 당분을 분해하면서 알코올과 이산화탄소를 만들어낼 때, 포도에 당분이 많을수록 효모의 먹이가 많아지고, 그만큼 생성되는 알코올도 많아집니다.

즉, **단맛이 강한 포도일수록 알코올 도수가 높은 와인이 만들어지는 셈**이지요.

앞서 설명했듯이, 따뜻한 지역일수록 포도가 더 잘 익어 단맛이 높습니다. 그래서 칠레나 캘리포니아산 와인이 프랑스산보다 알코올 도수가 높은 이유는 바로 이런 기후적 요인 때문입니다.

한편, 효모는 액체 속의 당분이 모두 사라지면 역할을 마치고 활동을 멈추며, 그 잔해는 바닥에 가라앉습니다. 이 퇴적물을 **'리(lees)'**라고 부릅니다. 이 리를 활용해 숙성하는 방법도 있는데, 와인과 리를 일정 기간 접촉시키면 빵드미(식빵)나 긴죠슈의 향 같은 고소하고 깊은 풍미가 더해집니다. 이를 **'쉬르리(Sur Lie) 방식'**이라고 부르며, 대표적으로 뮈스카데 ⇒p82 와인이 이 방법으로 만들어집니다.

One Point!

와인에 쓰이는 포도는 크게 식용 포도와 양조용 포도로 나뉩니다. 식용 포도의 대표적인 예로는 샤인머스캣, 거봉 등이 있습니다. 이들은 알이 크고 껍질이 얇으며, 씨가 작고 달콤해서 먹기 좋습니다.

반면, 이 책에서 다루는 대부분의 품종은 양조용 포도입니다. 식용 포도와 반대로 알이 작고 껍질이 두꺼우며, 씨가 큽니다. 먹을 수 있는 부분이 적을 뿐 아니라, 맛도 새콤하고 떫어서 생으로 먹기에는 적합하지 않습니다. 하지만 이 껍질과 씨에는 색소와 탄닌이 풍부하게 들어 있으며, 산도가 높아 쉽게 상하지 않습니다. 즉, 맛은 덜하지만 좋은 와인을 만드는 데 최적화된 구조를 갖추고 있는 셈입니다.

Explanation

숙성

스테인리스 탱크 vs 오크통

알코올 발효가 끝났다고 해서 와인이 완성된 것은 아닙니다. 막 발효를 마친 와인은 맛이 다소 거칠고 조화롭지 않기 때문에, **병입하여 출하하기 전 일정 기간 잠시 쉬게 하는 과정**, 즉 **'숙성'** 혹은 **'저장'** 단계를 거칩니다.

이때 어떤 용기에 와인을 숙성시키느냐에 따라 와인의 향과 맛은 완전히 달라집니다. **'스테인리스 소재'**의 탱크, 즉 스테인리스 숙성을 택하면 포도 본연의 향과 맛이 가장 깨끗하게 남습니다. 마치 갓 짜낸 포도즙의 순수한 향이 그대로 전해지는 느낌이지요.

반면, **오크통 숙성을 하면 이야기가 달라집니다. 통 속의 나무 성분이 와인에 스며들며 바닐라, 구운 견과, 스파이스 등의 향이 더해집니다**(사용한 통의 종류나 숙성 기간에 따라 향은 달라집니다). 즉, 오크통 숙성이란 순수한 와인에 새로운 향을 입히는 과정이라 할 수 있습니다. 와인은 포도만으로 만들어지지만, 이렇게 다양한 향을 느낄 수 있는 이유 중 하나가 바로 '숙성'에 있습니다.

또한 오크통에는 미세한 틈이 있어 아주 완만한 산소 유입이 일어납니다. 이때 산소가 와인 속의 탄닌과 반응하면서 거칠고 떫은 탄닌이 부드러워집니다. 따라서 **탄닌이 많은 레드 와인일수록 오크 숙성에 잘 어울린다**고 할 수 있습니다.

오크통의 종류

요리사가 소금과 후추의 양을 조절하듯, 와인 양조자에게는 어떤 오크통을 사용할지 결정하는 일이 자신의 개성을 드러내는 중요한 선택입니다. 향을 얼마나 뚜렷하게 표현할지에 따라 선택이 달라집니다.

1 소형통 vs 대형통

약 225리터 정도의 통을 **'소형통'**, 1000리터 이상을 **'대형통'**이라 부릅니다. **소형통은 와인과 나무의 접촉 면적이 넓기 때문에, 통에서 비롯되는 향이 보다 뚜렷하고 강하게 배어듭니다**.

2 새 오크통 vs 헌 오크통

새로 내린 오크통은 **'새 오크통'**, 한 번이라도 사용한 통은 **'헌 오크통'**이라 부릅니다. 새 오크통은 마치 새로 지은 목조 건물에 들어섰을 때처럼 짙고 또렷한 나무 향이 납니다. 따라서 **바닐라 향이 강하게 느껴집니다**. 반면, 헌 오크통을 사용할 경우 육두구나 시나몬처럼 은은하고 부드러운 향만 살짝 남습니다. 통을 반복해서 사용할수록 오크의 효과는 점점 약해지고, 네 번째 사용쯤 되면 거의 '그냥 저장 용기'에 가까워집니다.

3 아메리칸 오크 vs 프렌치 오크

이름 그대로, 미국산은 **'아메리칸 오크'**, 프랑스산은 **'프렌치 오크'**라 부릅니다. **아메리칸 오크에서 숙성한 와인은 바닐라와 코코넛 향이 강하고, 때로는 다소 화려하게 느껴집니다**. 그러나 향이 지나치게 강하면 포도 자체의 향을 덮어버릴 수 있어, 현재 세계적으로는 프렌치 오크가 더 많이 사용됩니다. 참고로, 오크는 미국과 프랑스 외에도 크로아티아, 헝가리, 슬로베니아 등 여러 나라에서 생산되며, 이 책에서도 크로아티아산 오크통이 등장합니다.

마시는 시기

와인은 언제까지 보관할 수 있을까?

와인에는 유통기한이나 소비기한이 따로 없습니다. 하지만 바로 마시는 편이 좋은 와인이 있는가 하면, 숙성시킬수록 깊어지는 와인도 있습니다.

와인은 병입된 후에도 내부에서 서서히 변화를 이어갑니다. 향이 복잡해지고, 맛이 부드러워지며, 품질이 점점 향상되지요. 이 과정을 '병 숙성'이라 부릅니다. 시간이 지날수록 와인은 점점 좋아져 어느 순간 **'맛의 절정'**을 맞이합니다. 그러나 그 시점을 지나면 서서히 하강곡선을 그리며, 결국엔 식초처럼 신맛이 도드라지는 상태로 변합니다. 이때를 **'마시기 좋은 시기를 지난 와인'** 이라고 합니다.

와인이 '마시기 좋은 시기'를 맞이하는 방식은 품종과 스타일에 따라 다릅니다. 그래프로 표현했을 때, 피크가 높고 큰 산을 그리는 와인은 시간이 지날수록 향과 맛이 깊어지는 **'장기 숙성형 와인'**입니다. 반대로, 피크가 낮고 작은 산을 그리는 와인은 숙성보다는 신선함이 매력인 **'바로 마시기 좋은 와인'**으로, 오래 두기보다 병입 후 바로 즐기는 편이 좋습니다.

'장기 숙성형'과 '바로 마시기 좋은' 와인

① 장기 숙성형 와인

와인의 숙성 능력을 좌우하는 요소는 **당도, 산도, 탄닌, 알코올 함량**입니다. 생각해보면, 초절임처럼 산이 강한 음식이나, 조림처럼 단맛이 강한 음식은 보관성이 좋지요. 와인도 마찬가지로, 이 네 가지 요소가 많을수록 숙성에 유리하며, 시간이 지남에 따라 천천히 품질이 상승합니다.

화이트 와인 중에서는 리슬링⇒p46**처럼 당도와 산도가 높은 와인이 대표적입니다**. 이런 와인은 50년이 지나도 젊고 생기 있게 남습니다. **레드 와인 중에서는 카베르네 소비뇽**⇒p50**이 대표적입니다**. 풍부한 탄닌이 병 속에서 서서히 부드러워지며, 오랜 시간에 걸쳐 맛의 균형이 완성됩니다.

② 바로 마시기 좋은 와인

가메이 ⇒p58 품종으로 만든 보졸레 누보가 대표적입니다. 이 와인은 숙성보다 젊음과 신선함을 즐기는 것이 목적이기에 시간이 지난다고 품질이 크게 향상되지는 않습니다. 그 이유 중 하나는 **탄닌이 매우 적기 때문**입니다. 보졸레 누보가 매년 11월 단 한 시기 동안만 판매되는 것도 이런 특성 때문입니다.

One Point!

일반적으로 장기 숙성형 와인이 바로 마시기 좋은 와인보다 가격이 높습니다. 예전에는 와인을 오래 보관할 기술이 없었기 때문에, 시간을 이겨낸 와인은 그 자체로 가치 있는 와인으로 여겨졌습니다. 또한 5년 이상 숙성 후 출하되는 와인에는 최상급 포도밭과 품질 좋은 포도가 사용됩니다. 이런 배경이 와인의 가격 차이로 이어지는 것이지요.

Explanation

단일 품종 vs 블렌딩

와인을 블렌딩하는 이유

와인에는 한 가지 포도 품종만으로 만든 **단일 품종 와인**이 있는가 하면, 서로 다른 품종이나 와인을 섞어 만든 **블렌딩 와인**도 있습니다. 일반적으로 블렌딩은 **향과 맛에 깊이를 더하기 위해** 행해진다고 알려져 있지만, 그 외에도 중요한 목적이 두 가지 더 있습니다.

▼ 블렌딩의 황금법칙

블렌딩의 기본

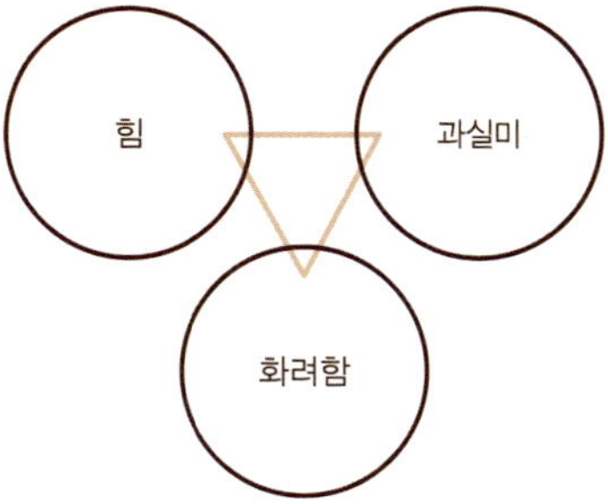

블렌딩의 예

① 맛의 균형을 맞추기 위해

어떤 포도 품종은 하나만으로는 부족하지만, 여러 품종이 어우러질 때 비로소 완성되는 맛을 보여줍니다.

예를 들어, 카베르네 소비뇽 ⇒p50 은 강한 탄닌과 묵직한 바디감이 특징입니다. 하지만 이것만으로 와인을 만들면 너무 떫고 거칠게 느껴질 수 있습니다. 그래서 프랑스 보르도 지방에서는 여기에 부드럽고 과실미가 풍부한 메를로 ⇒p66 를 더해줍니다. 여기에 다시 카베르네 프랑 ⇒p64 을 소량 섞으면 향이 한층 화려해지고, 완벽한 밸런스가 이루어집니다.

이렇듯 블렌딩은 **① 힘, ② 과실미, ③ 화려함**의 세 가지 요소의 조화를 위해 사용됩니다.

② 해마다 품질의 일관성을 유지하기 위해

포도는 농산물이기 때문에, 해마다 수확량과 품질이 일정하지 않습니다. 비가 너무 많이 오거나, 반대로 가뭄이 심했던 해에는 포도의 성숙도나 당도, 향의 농도가 달라집니다. 이런 자연적인 변동을 보완하기 위해, 양조가는 다른 포도나 다른 해의 와인을 블렌딩하여 항상 비슷한 품질을 유지할 수 있도록 조정합니다. 즉, 블렌딩은 단순히 맛을 더 풍부하게 만드는 기술일 뿐 아니라, 일관된 브랜드 품질을 유지하기 위한 지혜이기도 합니다.

One Point!

남프랑스, 칠레, 호주 같은 지역에서는 기후가 일정하고 포도의 수확이 안정적이기 때문에, 굳이 블렌딩하지 않아도 단일 품종 와인만으로 품질이 안정적으로 유지됩니다.

따라서 와인을 처음 배우는 분이라면, 자신이 좋아하는 맛을 찾는 것도 좋지만, 품종의 개성을 정확히 느껴보고 싶다면 단일 품종 와인부터 시작해보세요.

Explanation

가격

와인의 값과 맛은 비례할까?

와인의 가격은 천 엔 정도의 부담 없는 제품부터 수백만 엔에 이르는 초고가 와인까지 천차만별입니다. 그렇다면 "비싼 와인은 정말 더 맛있을까?"라는 의문이 생기죠. 간단히 말하면, **가격이 높을수록 생산 과정에 더 많은 시간과 노력이 들어가기 때문에 품질이 높아질 가능성이 크다**고 할 수 있습니다. 물론 '품질 = 가격'이라고 단정할 수는 없지만, 다음 다섯 가지 요소가 와인의 가격 형성에 큰 영향을 미칩니다.

① 환경 - 기후, 토양, 지형 등 포도가 자라는 자연 조건
② 품종 - 어떤 포도 품종을 사용했는가
③ 포도밭에서의 노동비 - 재배와 수확에 들어가는 인건비
④ 양조 과정의 정성 - 손작업 비율, 숙성 방식, 오크통 사용 여부 등
⑤ 시장 평가 - 수요와 공급의 균형, 평판, 브랜드 가치

그런데, 가격은 착한데 '놀랄 만큼 맛있었던' 와인, 한 번쯤 경험해보신 적 있지 않나요? 실제로 값어치 이상의 만족을 주는 와인, 이른바 '가성비 와인'은 분명 존재합니다. 특히 칠레, 호주, 스페인처럼 가성비 좋은 와인이 자주 발견되는 지역에는 몇 가지 공통점이 있습니다.

가성비 와인의 3가지 조건

① 따뜻하고 건조한 산지

포도는 따뜻하고 건조한 기후를 좋아합니다. 이런 환경에서는 곰팡이나 병충해 걱정이 적고, 인공적인 손이 많이 가지 않아도 안정적으로 포도를 수확할 수 있습니다. 결과적으로 생산비용이 낮아져 가격이 합리적으로 유지됩니다.

② 수확량이 많은 품종

포도송이와 알이 크고, 한 나무에서 많은 열매를 맺는 품종일수록 한 번의 수확으로 얻는 양이 많아져 생산 단가가 낮아집니다. 예를 들어 까리냥 ⇒p92 은 대표적인 대량 생산형 품종입니다.

③ 무관세 국가

수입 와인에는 일반적으로 관세가 부과되지만, 대한민국 기준, EU와 칠레, 호주 등의 와인은 관세가 '0%'입니다. 따라서 유통 과정에서 가격 상승 요인이 줄어들어 소비자에게 더 합리적인 가격으로 제공될 수 있습니다.

One Point!

세계에서 가장 비싼 와인은 '샤또 라피트 로칠드 1787년 / 토머스 제퍼슨 보틀'입니다. 이 와인은 프랑스 보르도 지방에서 카베르네 소비뇽 중심으로 만들어진 레드 와인이며, 미국의 제3대 대통령 토머스 제퍼슨이 개인 소장하던 것으로 알려져 있습니다. 병에는 그가 직접 남긴 것으로 추정되는 이니셜이 새겨져 있지요. 1985년 경매에서 단 한 병뿐인 희귀성과 역사적 가치 덕분에 157,500달러(당시 약 3500만 엔)에 낙찰되었습니다.

WineFile001.
프랑스를 대표하는 포도 품종

샹파뉴 지방

적 뫼니에 ⇒p70

알자스 지방

청 리슬링 ⇒p46
청 피노 블랑 ⇒p72
청 피노 그리 ⇒p74
청 게뷔르츠트라미너 ⇒p76
청 뮈스카 ⇒p78

루아르 지방

청 소비뇽 블랑 ⇒p48
청 슈냉 블랑 ⇒p80
청 뮈스카데 ⇒p82

부르고뉴 지방

청 샤르도네 ⇒p44
적 피노 누아 ⇒p54
적 알리고테 ⇒p56
적 가메이 ⇒p58

보르도 지방

적 카베르네 소비뇽 ⇒p50
청 세미용 ⇒p60
청 뮈스카델 ⇒p62
적 카베르네 프랑 ⇒p64
적 메를로 ⇒p66
적 프티 베르도 ⇒p68

론 지방

적 시라 ⇒p52
청 비오니에 ⇒p84
청 루산 & 마르산 ⇒p86
적 그르나슈 ⇒p88

남서부 지방

적 타나 ⇒p94

프로방스 지방

적 생소 ⇒p90

랑그도크루시용 지방

적 까리냥 ⇒p92

※여러 지역에서 재배되는 품종도 있지만, 이 책에서는
특히 유명한 산지를 중심으로 소개했습니다.

'WineFile' 페이지 읽는 법

청포도 품종

포도 품종 해설⇒p14

와인에 사용되는 포도는 크게 '청포도 품종'과 '적포도 품종' 두 가지로 나뉩니다. 각 와인에 어떤 포도 품종이 사용되었는지는 아이콘으로 표시되어 있습니다.

6대 품종

'당신의 색에 물드는' 인기 스타

샤르도네

Chardonnay

희귀 등급

C

희귀 등급 해설⇒p22

이 포도 품종으로 만든 와인이 매장에서 얼마나 쉽게 구할 수 있는가를 기준으로 4단계로 구분했습니다.

- **S** : 매우 희귀함
- **A** : 백화점, 전문 매장에서 구입
- **B** : 대형 마트에서 구입 가능
- **C** : 편의점에서도 구입 가능

산지 : 프랑스

기원과 역사

프랑스 부르고뉴 지방 출신. 이름은 부르고뉴 마코네 지구의 샤르도네 마을에서 유래했다고 전해진다.
전 세계적으로 폭발적인 인기를 얻어, 유럽 각국은 물론 미국, 호주, 칠레, 더 나아가 멕시코와 인도 같은 신흥 와인 국가에도 널리 퍼져 있다.

특징

기후를 가리지 않고 어디서든 재배할 수 있는 드문 품종. 기후에 따라 가벼운 화이트부터 묵직한 화이트까지 와인 스타일이 확 달라진다. 향에 개성이 없어, 누구에게나 '사랑받는 캐릭터'. 오크통을 어떻게 사용하느냐에 따라 와인의 향과 맛이 달라지기 때문에 '당신의 색에 물드는' 품종이라고 불리기도 한다.

44

재배 적지

해설⇒p24

이 포도 품종이 어떤 환경에서 재배되는지를 나타냅니다.

맛

해설⇒p16

이 품종으로 만든 화이트 와인의 맛을 '산도'와 '당도' 두 가지 요소로 표시합니다.

산도

저		중		고
1	2	3	4	5

당도

드라이	세미드라이	세미스위트	스위트	그 이상
1	2	3	4	5

향

해설⇒p18

이 품종의 대표적인 향 특징을 정리했습니다.

특정 조건에서 나타나는 향이 무엇인지도 함께 보여줍니다.

마시는 시기

해설⇒p32

이 품종으로 만든 와인이 '바로 마시기 좋은' 와인인지, 혹은 '장기 숙성형' 와인인지(또는 두 가지 모두에 해당하는지)를 표시합니다.

재배 적지

서늘 — 온화 — 따뜻

맛

산도

당도

한마디 메모

매끄러운 질감에, 깊고 풍부한 맛. 알코올 도수도 높아지기 쉬운 편이다.

향 대표 향

백도 복숭아

파인애플

기타 레몬

【오크 숙성】 바닐라, 토스트

마시는 시기

바로 마시기 좋은

▶ 장기 숙성

단일 품종 or 블렌딩

▶ 단일 품종

블렌딩

양조 · 숙성

'무개성도 하나의 개성(뉴트럴)'이라 불릴 만큼 두드러진 향이 없다. 그래서 새 소형 오크통에서 숙성시켜 바닐라 등의 향을 더해 주는 경우가 많다.

가격

저렴한 — 비싼 — 초고가

1	2	3	4	5

가족

피노 누아 · 알리고테 · 뮈스카데 · 가메이 · 리슬링 · 푸르민트

45

'WineFile' 페이지 읽는 법

적포도 품종

어른의 매력으로 관능을 자극하는
'와인의 왕'

6대 품종

피노 누아

Pinot Noir

독일 : 슈페트부르군더 *Spätburgunder*

희귀 등급 A

기원과 역사

프랑스 부르고뉴 지방 출신설이 유력하다.
포도송이의 모양이 'Pine(소나무 솔방울)'을 닮아 'Pinot'라는 이름이 붙었다. 이미 4세기 무렵부터 부르고뉴에서 재배되었으며, 이후 프랑스 왕실과 귀족들에게 사랑받기 시작했다. 그러면서 피노 누아로 만든 와인은 '와인의 왕'이라 불리게 되었다.

특징

기품 있지만 까다로운 품종. 병충해에 약하고 재배지에 극도로 예민하다. 너무 춥다면 풋풋한 풀내음이 나고, 너무 따뜻하면 잼 같은 향이 나서 섬세함이 사라져 버린다. 생산량도 적어 하나하나가 프리미엄. 고향 부르고뉴가 '신이 약속한 땅'이라 불리면서도 3년에 한 번 꼴로만 빈티지가 좋은 해가 있다는 사실은, 피노 누아의 까다로운 성격을 더 잘 보여준다.

산지 : 프랑스

54

시노님

해설⇒p15

다른 이름으로도 불리는 경우, 대표적인 별칭을 함께 소개했습니다.

산지

해설⇒p20

어느 나라에서 재배 · 생산되는지를 나타냅니다.

맛 해설⇒p16

이 품종으로 만든 레드 와인의 맛을 '탄닌'과 '산도'의 균형으로 표시했습니다.

단일 품종 or 블렌딩

해설⇒p34

단일 품종으로 사용되는지, 혹은 다른 품종과 블렌딩되는지(또는 두 경우 모두 해당하는지)를 나타냅니다.

양조 · 숙성

해설⇒p28, 30

이 품종으로 와인이 어떤 방식으로 만들어지고 숙성되는지를 요약했습니다.

가격 해설⇒p36

이 품종으로 만든 와인의 가격대를 1~5단계로 구분했습니다.

1 : 약 1000엔
2 : 약 3000엔
3 : 약 5000엔
4 : 약 1만 엔
5 : 3만 엔 이상,
슈퍼 프리미엄급

가족

이 책에 등장하는 포도 품종 중, 가족 관계에 해당하는 품종을 표시했습니다.

6대 품종

'당신의 색에 물드는' 인기 스타

샤르도네

Chardonnay

희귀 등급

C

산지 : 프랑스

기원과 역사

프랑스 부르고뉴 지방 출신. 이름은 부르고뉴 마코네 지구의 샤르도네 마을에서 유래했다고 전해진다.
전 세계적으로 폭발적인 인기를 얻어, 유럽 각국은 물론 미국, 호주, 칠레, 더 나아가 멕시코와 인도 같은 신흥 와인 국가에도 널리 퍼져 있다.

특징

기후를 가리지 않고 어디서든 재배할 수 있는 드문 품종. 기후에 따라 가벼운 화이트부터 묵직한 화이트까지 와인 스타일이 확 달라진다. 향에 개성이 없어, 누구에게나 '사랑받는 캐릭터'. 오크통을 어떻게 사용하느냐에 따라 와인의 향과 맛이 달라지기 때문에 '당신의 색에 물드는' 품종이라고 불리기도 한다.

재배 적지

서늘 — 온화 — 따뜻

맛

산도

당도

한마디 메모

매끄러운 질감에, 깊고 풍부한 맛. 알코올 도수도 높아지기 쉬운 편이다.

향

대표 향

백도 복숭아

파인애플

기타

레몬

【오크 숙성】 바닐라, 토스트

마시는 시기

바로 마시기 좋은

▶ 장기 숙성

단일 품종 or 블렌딩

▶ 단일 품종

블렌딩

양조 · 숙성

'무개성도 하나의 개성(뉴트럴)'이라 불릴 만큼 두드러진 향이 없다. 그래서 새 소형 오크통에서 숙성시켜 바닐라 등의 향을 더해 주는 경우가 많다.

가격

저렴한 — 비싼 — 초고가

1 | 2 | 3 | 4 | 5

가족

피노 누아

알리고테

뮈스카데

가메이

리슬링

푸르민트

6대 품종

화려하게 부활한 청포도의 여왕

리슬링

Riesling

희귀 등급

A

기원과 역사

출신지는 명확하지 않지만, 프랑스 알자스 지방과 독일을 대표하는 품종.

샤르도네(P44)와 함께 '양대 귀족 품종'으로 꼽힌다. 한때 리슬링의 스위트 와인은 높은 가격에 거래될 만큼 인기를 누렸으나, 1980년대 무렵 샤르도네에 자리를 내주며 침체기를 겪었다. 2000년 이후 섬세한 맛이 다시 인정받으며 재조명되고 있다.

특징

개성이 옅은 샤르도네와는 정반대로, 화사하고 하얀 들꽃 향이 특징이다. 샤르도네와 달리 거의 오크 숙성을 하지 않는다. 만약 '오크 숙성으로 향을 더하는 것'을 '화장을 하는 일'에 비유한다면, 샤르도네는 화장이 잘 어울리는 미인, 리슬링은 생얼 그대로 빛나는 미인이라 할 수 있다. 산도가 높아 오래 숙성할 수 있다는 점도 큰 매력이다.

산지 : 프랑스

재배 적지

서늘 — 온화 — 따뜻

맛

산도

당도

한마디 메모

드라이부터 스위트까지 폭넓게 만들어진다. 산도가 매우 높아, 스위트로 양조해도 달콤 새콤한 매력이 살아 있다.

향

대표 향

청사과

인동덩굴꽃

기타

백도 복숭아, 파인애플
【숙성 향】 꿀, 석유

마시는 시기

바로 마시기 좋은
▶ 장기 숙성

단일 품종 or 블렌딩

▶ 단일 품종
블렌딩

양조 · 숙성

새 소형 오크통에서 숙성하면 오크에서 오는 바닐라 향이 섬세한 꽃향을 덮어버리기 때문에, 보통 스테인리스 탱크나 헌 오크통에서 숙성시킨다.

가격

저렴한 — 비싼 — 초고가

1 2 3 4 5

가족

샤르도네

푸르민트

뮐러 투르가우

6대 품종

허브 향에서 느껴지는 청량감이 매력적인

소비뇽 블랑

Sauvignon Blanc

희귀 등급 C

프랑스 루아르 지방 : 블랑 퓌메 *Blanc Fumé*

기원과 역사

프랑스 보르도 지방과 루아르 지방, 두 곳 중 어디가 원산지인지 논란이 있었으나, 최근에는 루아르설이 유력하다. 이름은 '소바주(sauvage, 야생의)'에서 유래했다고 한다.
본격적으로 주목받기 시작한 것은 1970년대 후반. 그 배경에는 루아르 지방과 뉴질랜드(P208)에서 동시에 인기를 끌기 시작한 흐름이 있었다.

특징

서늘한 산지에서 진가를 발휘한다. 그 이유는 추운 곳에서는 포도가 충분히 익지 않아 풋풋한 느낌을 남기고, 그 결과 매력 포인트인 허브 향이 살아 있는 와인이 되기 때문이다. 리슬링(P46)과 마찬가지로 아로마틱함(풍부한 향)이 매력인 생얼 미인 계열 품종이다.

재배 적지

서늘 온화 따뜻

맛

산도

당도

한마디 메모

또렷하고 날카로운 산미가 특징이다.

향

대표 향

자몽

잔디

기타 신선한 허브, 패션프루트, 아스파라거스

마시는 시기

▶ **바로 마시기 좋은**

장기 숙성

단일 품종 or 블렌딩

▶ **단일 품종**

블렌딩

양조 · 숙성

새 소형 오크통에서 숙성하면 바닐라 향이 허브 향을 덮어버리기 때문에, 보통 스테인리스 탱크 등에서 숙성한다.

가격

저렴한 비싼 초고가

1 2 3 4 5

가족

카베르네 프랑

카베르네 소비뇽

슈냉 블랑

와인계의 주인공

6대 품종

카베르네 소비뇽

Cabernet Sauvignon

희귀 등급

B

기원과 역사

프랑스 보르도 지방이 본고장. 1990년에는 재배 면적 세계 8위에 불과했지만, 지금은 세계 1위(2020년 기준)를 차지할 만큼 가장 인기 있는 품종으로 자리 잡았다. 그 명성은 프랑스를 넘어 전 세계로 퍼졌고, 너무 빠르게 확산된 탓에 'Grape Invader(포도계의 침략자)' 라고 불리기도 한다.

특징

카베르네 소비뇽이 와인계의 주인공이라 불리는 이유는 세 가지다. 첫째, 세계에서 가장 유명한 와인 산지인 보르도 지방 출신이라는 점. 둘째, 카시스와 민트 같은 뚜렷하고 알아보기 쉬운 향. 셋째, 블렌딩 시 뛰어난 숙성력과 힘을 더해 주연뿐 아니라 조연으로도 활약할 수 있는 다재다능함 때문이다.

산지 : 프랑스

재배 적지

서늘 | 온화 | 따뜻 (온화 ~ 따뜻)

맛

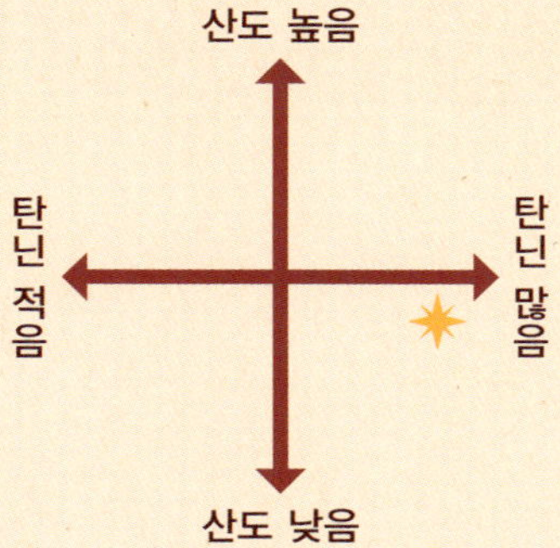

한마디 메모

탄탄한 탄닌과 산미, 힘 있는 맛이 특징이다.

향

대표 향

카시스

민트

기타

【오크 숙성】 바닐라, 삼나무

【숙성 향】 시가 · 담배

마시는 시기

바로 마시기 좋은

▶ **장기 숙성**

단일 품종 or 블렌딩

단일 품종

▶ **블렌딩**

양조 · 숙성

강한 탄닌을 부드럽게 하기 위해 소형 오크통에서 숙성하는 것이 일반적이다. 숙성 과정에서 검은 과실 향에 바닐라와 삼나무 향이 더해지면 깊이가 한층 살아난다.

가격

저렴한		비싼		초고가
1	2	3	4	5

가족

카베르네 프랑

소비뇽 블랑

메를로

카르메네르

6대 품종

거친 풍미로 반란을 일으킨

시라

Syrah

호주 : 쉬라즈 *Shiraz*

희귀 등급 **B**

기원과 역사

프랑스 론 지방 출신.
카베르네 소비뇽(P50)과 어깨를 나란히 하는 고귀한 품종임에도 1990년까지는 오랫동안 빛을 보지 못했다. 그 이유는 고향인 론 지방 자체의 인기가 낮았기 때문. 1980년대, 미국의 저명한 와인 평론가 로버트 파커가 "론 지방의 시라는 정말 훌륭하다!"라고 극찬한 것이 계기가 되어 인기를 얻기 시작했다.

특징

시라 하면 떠오르는 것은 블랙페퍼를 닮은 스파이시한 향. 이 향의 정체는 오랫동안 수수께끼였지만, 2008년에 '로툰돈'이라는 성분에서 비롯된 것임이 밝혀졌고, 우연히도 블랙페퍼에도 같은 성분이 들어 있다는 사실이 알려졌다.
호주산 쉬라즈는 또 다른 개성을 보여준다(P205).

산지 : 프랑스

재배 적지

서늘 | 온화 | 따뜻 (온화~따뜻)

맛

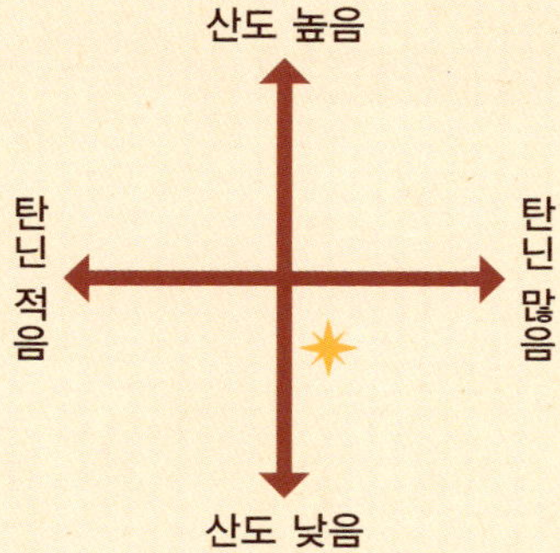

한마디 메모

카베르네 소비뇽보다는 적지만 탄탄한 탄닌, 그리고 충분한 볼륨감을 느낄 수 있는 맛.

향

대표 향

블랙베리

블랙페퍼

기타 【숙성 향】 무두질한 가죽

마시는 시기

바로 마시기 좋은

▶ 장기 숙성

단일 품종 or 블렌딩

▶ 단일 품종

▶ 블렌딩

양조 · 숙성

전통적인 론 지방 시라는 여러 해 사용한 대형·소형 오크통에서 숙성시킨다.

가격

저렴한 | 비싼 | 초고가

1 | 2 | 3 | 4 | 5

가족

비오니에

알리아니코

6대 품종

어른의 매력으로 관능을 자극하는
'와인의 왕'

피노 누아

Pinot Noir

독일 : 슈페트부르군더 *Spätburgunder*

희귀 등급
A

기원과 역사

프랑스 부르고뉴 지방 출신설이 유력하다.
포도송이의 모양이 'Pine(소나무 솔방울)'을 닮아 'Pinot'라는 이름이 붙었다. 이미 4세기 무렵부터 부르고뉴에서 재배되었으며, 이후 프랑스 왕실과 귀족들에게 사랑받기 시작했다. 그러면서 피노 누아로 만든 와인은 '와인의 왕'이라 불리게 되었다.

특징

기품 있지만 까다로운 품종. 병충해에 약하고 재배지에 극도로 예민하다. 너무 춥다면 풋풋한 풀내음이 나고, 너무 따뜻하면 잼 같은 향이 나서 섬세함이 사라져 버린다. 생산량도 적어 하나하나가 프리미엄. 고향 부르고뉴가 '신이 약속한 땅'이라 불리면서도 3년에 한 번 꼴로만 빈티지가 좋은 해가 있다는 사실은, 피노 누아의 까다로운 성격을 더 잘 보여준다.

재배 적지

서늘	온화	따뜻

(온화 범위 표시)

맛

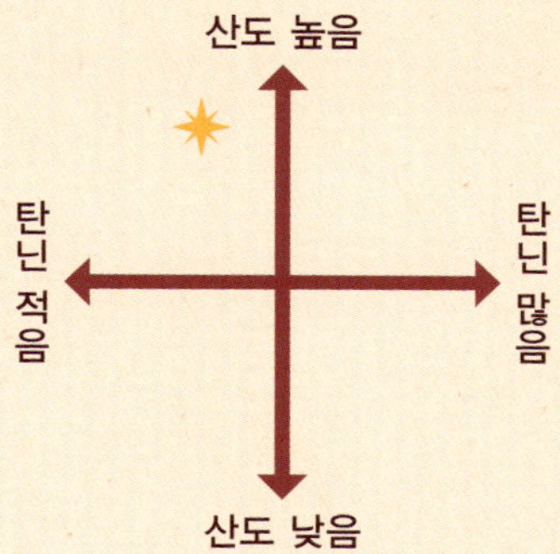

한마디 메모

풍부한 산미, 부드러운 탄닌, 섬세하고 유연한 질감. 살짝 관능적인 풍미가 매력적이다.

향

대표 향

라즈베리

붉은 장미

기타

홍차, 철분(피)
【오크 숙성】 육두구

마시는 시기

바로 마시기 좋은

▶ 장기 숙성

단일 품종 or 블렌딩

▶ 단일 품종

블렌딩

양조 · 숙성

섬세한 향과 풍미를 해치지 않기 위해 어떤 오크통에서 숙성할지 세심하게 선택한다. 새 오크통보다는 헌 오크통이 주로 쓰인다.

가격

저렴한		비싼		초고가
1	2	**3**	**4**	**5**

가족

부르고뉴의 숨은 실력자

알리고테

Aligoté

희귀 등급
A

기원과 역사

프랑스 부르고뉴 지방이 본고장이며, 샤르도네(P44)와 자매 관계에 있는 품종이다. 하지만 강한 산도가 단점으로 여겨져 오랫동안 저평가되었다. 알리고테가 지나치게 시었기 때문에 산미를 부드럽게 하려고 '크렘 드 카시스'라는 리큐르를 더해 만든 칵테일이 바로 '키르'다.

특징

언니 격인 샤르도네처럼 향과 맛에 뚜렷한 개성이 없는 편이다. 다만 샤르도네에 비해 산도가 높고, 약간 리치함이 부족하다. 알리고테로 만든 대표 와인은 'Bourgogne Aligoté(부르고뉴 알리고테)'와 'Bouzeron(부즈롱)'(둘 다 부르고뉴산). 이 중 부즈롱이 맛이 더 응축되어 있고, 격도 높으며 가격도 비싼 편이다.

재배 적지

서늘 / 온화 / 따뜻

맛

산도

당도

한마디 메모

날카롭고 선명한 산미. 깔끔하고 뉴트럴한 풍미가 특징이다.

향

대표 향

자몽 **청사과**

기타 【오크 숙성】 토스트

마시는 시기

▶ 바로 마시기 좋은(Bourgone)

▶ 장기 숙성(Bouzeron)

단일 품종 or 블렌딩

▶ 단일 품종

블렌딩

양조 · 숙성

'Bourgogne Aligoté(부르고뉴 알리고테)'는 일반적으로 오크 숙성을 하지 않는다. 반면, 'Bouzeron(부즈롱)'은 오크 숙성을 거쳐 은은한 오크 향이 배어난다.

가격

저렴한 / 비싼 / 초고가

1 | 2 | 3 | 4 | 5

가족

피노 누아 / 샤르도네 / 뮈스카데 / 가메이

보졸레 누보의 대명사

가메이

Gamay

희귀 등급

C

기원과 역사

프랑스 부르고뉴 지방이 본고장. 어머니 품종은 피노 누아(P54)다.
한때는 부르고뉴에서 가장 널리 재배되던 적포도 품종이었지만, 14세기에 필리프 2세가 "저급한 가메이는 심지 말라"라는 칙령을 내리면서 피노 누아에 자리를 내주었다.

특징

매년 11월 셋째 주 목요일에 출시되는 보졸레 누보의 원료.
어머니 품종인 피노 누아에 비해 향은 단순한 편으로, 딸기 캔디 같은 달콤한 향이 특징이며 종종 '차밍(Charming)'하다고 표현된다. 숙성 잠재력 면에서도 피노 누아에 미치지 못해 다소 저평가되기도 한다.

재배 적지

서늘 | 온화 | 따뜻 (온화 구간 표시)

맛

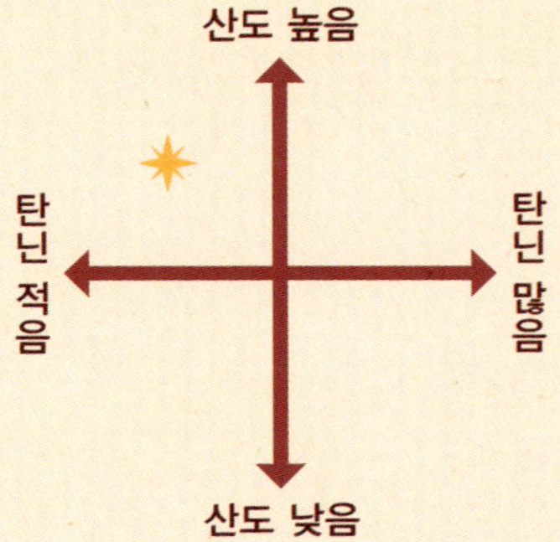

한마디 메모

화사한 아로마와 담백한 풍미. 부드러운 탄닌으로 가볍고 경쾌하다.

향

대표 향

딸기 캔디

바나나

기타 시나몬

마시는 시기

▶ **바로 마시기 좋은**

장기 숙성

단일 품종 or 블렌딩

▶ **단일 품종**

블렌딩

양조 · 숙성

보졸레 누보에 쓰이는 화려한 향의 가메이는 딸기 캔디 향을 더욱 선명하게 끌어내는 특별한 방식으로 양조된다.

가격

저렴한		비싼		초고가
1	**2**	**3**	4	5

(2~3 표시)

가족

피노 누아

샤르도네

뮈스카데

알리고테

보르도의 무관의 제왕

세미용

Sémillon

희귀 등급

B

기원과 역사

프랑스 보르도 지방 출신.
보르도에서 가장 넓은 재배 면적을 자랑하는 화이트 품종이기도 하다. 그중에서도 '귀부균'에 감염된 포도로 만든 스위트 와인 'Sauternes(소테른)'의 주원료로 쓰이는 것으로 유명하다. 예전에는 스위트 와인이 귀한 대접을 받아, 왕실과 귀족들만이 즐길 수 있었다.

특징

세미용은 껍질이 얇아, '귀부균'이라 불리는 특수한 곰팡이가 잘 핀다. 이 곰팡이의 작용으로 포도즙은 놀라울 정도로 달콤해지고, 이렇게 모은 진득한 포도즙으로 만든 와인은 마치 꿀처럼 걸쭉한 스위트 와인이 된다. 보통 소비뇽 블랑(P48), 뮈스카델(P62)과 자주 블렌딩된다.

재배 적지

서늘 — 온화 — 따뜻

(적지 범위: 서늘과 온화 사이 ~ 온화와 따뜻 사이)

맛

산도

■■■■■ (4/5)

당도

■■■■■ (1, 4/5)

한마디 메모

드라이부터 스위트까지 모두 만들 수 있으며, 풍미에는 깊이가 있다.

향

대표 향

※스위트 스타일

살구

꿀

기타

【오크 숙성】 바닐라

※드라이 스타일 : 청사과, 레몬

마시는 시기

바로 마시기 좋은

▶ **장기 숙성**

단일 품종 or 블렌딩

단일 품종

▶ **블렌딩**

양조 · 숙성

새 오크 숙성은 일종의 '향을 더해주는' 테크닉. 원래부터 향이 달콤한 와인을 새 오크통에서 숙성시켜, 한층 더 달콤한 향을 입힌다.

가격

	저렴한		비싼		초고가
스위트	1	2	3	**4**	**5**
드라이	**1**	**2**	**3**	**4**	5

가족

없음

보르도 블렌딩의 명조연

뮈스카델

Muscadelle

희귀 등급
S

기원과 역사

프랑스 보르도 지방이 본고장. 언제부터 재배되었는지는 정확히 알려져 있지 않다.
오랫동안 소비뇽 블랑(P48)이나 세미용(P60)에 소량 블렌딩되는 보조 품종으로 자리해 왔다. 그야말로 '보이지 않는 힘'으로 활약해온 고마운 존재다.

특징

아로마틱하며, 머스캣과 흰 꽃 향이 특징이다. 이름이 뮈스카(P78)나 뮈스카데(P82)와 비슷하지만, DNA적으로는 관련이 없으니 주의할 것.
와인으로 만들 때는 소비뇽 블랑(힘)과 세미용(과실미)에 약간의 뮈스카델을 블렌딩해 화려함을 더한다.

산지 : 프랑스

재배 적지

서늘 | **온화** | 따뜻

[→ 온화]

맛

산도

■■■■■ (3/5)

당도

■■■■■ (1/5)

한마디 메모

화려한 풍미가 특징이다.

향

대표 향

머스캣

오렌지꽃

마시는 시기

▶ 바로 마시기 좋은

▶ 장기 숙성

단일 품종 or 블렌딩

단일 품종

▶ 블렌딩

양조 · 숙성

주로 블렌딩용으로 쓰이며, 아쉽게도 주연으로 활약하는 일은 드물다. 숙성에는 스테인리스 탱크와 소형 오크통이 모두 사용된다.

가격

저렴한 | 비싼 | 초고가

1 | **2** | **3** | 4 | 5

가족

없음

제비꽃 향이 나는 유명 품종들의 어머니

카베르네 프랑

Cabernet Franc

희귀 등급

A

프랑스 루아르 지방 : 브르통 *Breton*

기원과 역사

최근 들어 스페인 바스크 지방 출신임이 밝혀졌다. 카베르네 소비뇽(P50), 메를로(P66), 카르메네르(P216) 같은 초유명 품종들의 부모 품종이기도 하다.

포도가 덜 익으면 민트나 청피망 같은 향이 나지만, 충분히 익은 카베르네 프랑에서는 이런 향이 나타나지 않는다는 사실이 확인되었다.

특징

제비꽃을 닮은 화사한 향이 특징이다. 그러나 보르도 지방에서는 카베르네 소비뇽과 메를로 블렌드의 보조 품종으로 쓰이는 경우가 많아 존재감이 다소 옅다. 반면, 프랑스 북부 루아르 지방에서는 단일 품종 와인으로 빚어져 여왕에 비견될 만큼 뚜렷한 존재감을 드러낸다.

재배 적지

맛

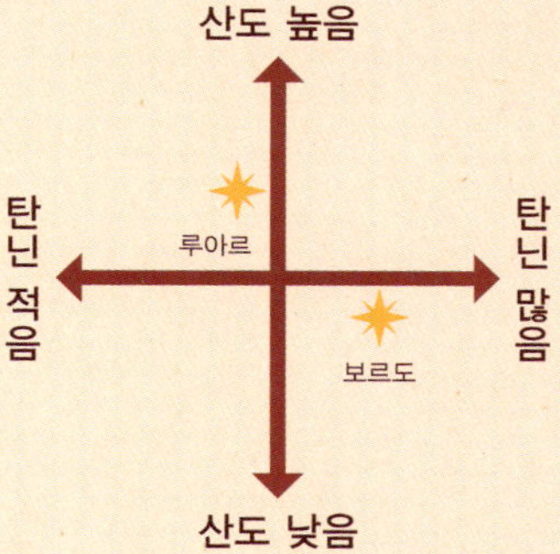

한마디 메모

화려한 풍미. 루아르산은 경쾌하고, 보르도산은 묵직한 맛이 특징이다.

향

대표 향

레드체리

제비꽃

기타 【덜 익으면】 청피망, 민트

마시는 시기

▶ 바로 마시기 좋은

▶ 장기 숙성

단일 품종 or 블렌딩

▶ 단일 품종 (루아르 지방)

▶ 블렌딩 (보르도 지방)

양조 · 숙성

보르도산은 주로 새 소형 오크통에서 숙성되지만, 루아르산은 헌 소형 오크통에서 숙성되는 경우가 많다.

가격

저렴한		비싼		초고가
1	2	3	4	5
	(루아르)			(보르도)

가족

Cabernet without pain
(고통 없는 카베르네)

메를로

Merlot

희귀 등급
C

기원과 역사

프랑스 보르도 지방 출신. 달콤한 향 때문에 멧새(프랑스어: merle)가 즐겨 쪼아 먹었다 해서 'Merlot(메를로)'라는 이름이 붙었다.
1970년대 후반까지만 해도 카베르네 소비뇽(P50)의 그늘에 가려 있었으나, 1980년대 들어 보르도 오른쪽 강변 지역의 메를로가 폭발적 인기를 얻으며 세계적으로 이름을 알렸다.

특징

메를로가 'Cabernet without pain(고통 없는 카베르네 소비뇽)'이라 불리는 이유는, 와인으로 만들면 가족 격인 카베르네 소비뇽과 맛과 향이 매우 비슷하지만 상대적으로 탄닌이 적어 입 안에서 아프다고 느껴질 정도의 떫은맛이 덜하기 때문이다(탄닌은 익숙하지 않으면 때때로 통증에 가까운 감각을 줄 수 있다).

산지 : 프랑스

재배 적지

서늘 | 온화 | 따뜻

맛

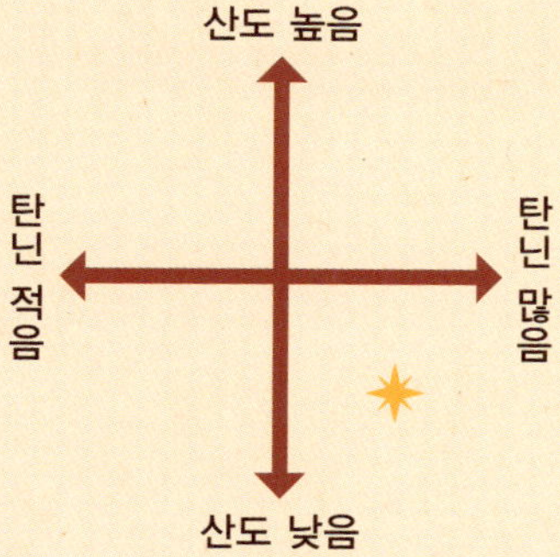

한마디 메모

과실미 가득한 풍부한 맛. 부드러운 탄닌. 누구나 좋아할 만한 친근한 스타일이 특징이다.

향

대표 향

빨간 자두

블루베리

기타

【덜 익으면】 민트
【오크 숙성】 커피, 초콜릿

마시는 시기

▶ 바로 마시기 좋은
▶ 장기 숙성

단일 품종 or 블렌딩

단일 품종
▶ 블렌딩

양조 · 숙성

탄닌이 많기 때문에, 보통은 새 소형 오크통에서 숙성해 부드럽게 만든다. 달콤한 향에 새 오크에서 오는 커피와 초콜릿 향이 더해져 잘 어울린다.

가격

저렴한 | 비싼 | 초고가

1 | 2 | 3 | 4 | 5

가족

카베르네 소비뇽

카베르네 프랑

말벡

카르메네르

보르도의 숨은 조력자 품종

프티 베르도

Petit Verdot

희귀 등급

S

기원과 역사

프랑스 보르도 지방이 본고장. 보르도에서는 카베르네 소비뇽(P50), 메를로(P66), 카베르네 프랑(P64)에 더해, 날씨가 좋은 해에만 몇 퍼센트 정도 소량 블렌딩되는 조력자 역할의 품종으로 재배되어 왔다.
최근에는 일본 야마나시현에서도 고품질의 프티 베르도 와인이 생산되고 있다.

특징

두꺼운 껍질을 지닌 탓에 포도가 충분히 익으려면 많은 열과 긴 시간이 필요하다. 가을에 비가 잦은 보르도에서는 제대로 익지 못하는 경우가 있어 재배가 매우 까다롭다. 그러나 좋은 해에는 진가를 발휘해, 블렌딩에서 짙은 색감과 스파이시한 풍미, 힘 있는 탄닌을 더해 준다.

산지 : 프랑스

재배 적지

서늘 — 온화 — 따뜻 (온화~따뜻)

맛

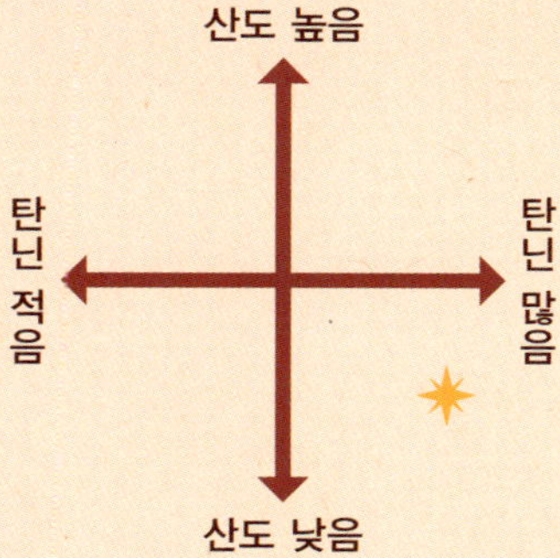

한마디 메모

스파이시한 풍미와 단단한 탄닌.

향

대표 향

카시스

블랙페퍼

기타 블랙베리

마시는 시기

바로 마시기 좋은

▶ **장기 숙성**

단일 품종 or 블렌딩

단일 품종

▶ **블렌딩**

양조 · 숙성

강한 탄닌을 부드럽게 하기 위해 주로 새 소형 오크통에서 숙성된다.

가격

저렴한		비싼		초고가
1	2	**3**	4	5

가족

없음

샹파뉴에서 화제를 모으는 품종

뫼니에

Meunier

희귀 등급

A

독일 : 뮐러레베 *Müllerrebe*

독일 : 슈바르츠리슬링 *Schwarzriesling*

기원과 역사

피노 누아(P54)의 돌연변이로 태어난 품종. 출신지가 프랑스임은 분명하지만, 세부적인 기원은 확실치 않다.

현재는 샹파뉴 지방의 중요한 품종으로 자리 잡았으나, 오랫동안 하위 품종으로 취급되어 왔다. 그러나 소규모 생산자들이 뫼니에로 훌륭한 샴페인을 빚어내면서, 이제는 주목받는 존재가 되었다.

특징

'뫼니에'는 프랑스어로 '방앗간 주인'이라는 뜻이다. 잎 뒷면에 솜털이 많아, 마치 밀가루를 뿌린 듯한 모습에서 유래한 이름이다. 라벨에 '뫼니에'가 따로 표기되지 않는 이유는, 이 품종이 발포성 와인 'Champagne(샹파뉴)' 의 블렌드에 주로 쓰이기 때문이다. 피노 누아보다 병충해에 강하고 재배도 쉬워, 냉랭하고 험한 기후의 샹파뉴 지방에서 특히 가치있게 활용되고 있다.

재배 적지

서늘 — 온화 — 따뜻 (적지: 서늘)

맛

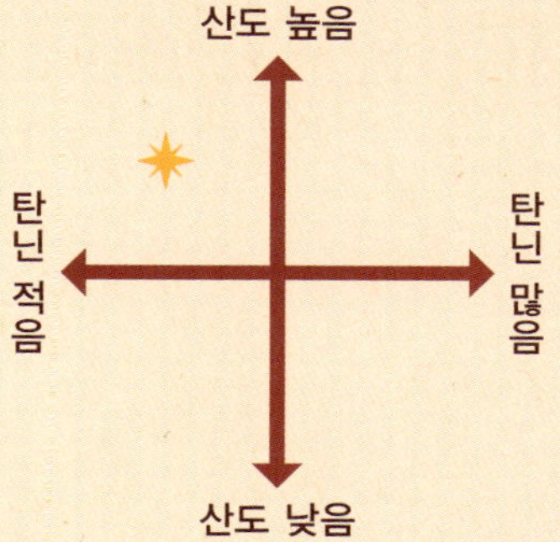

한마디 메모

풍부한 과실미. 숙성이 젊을 때부터 편안히 즐길 수 있는 맛.

향

대표 향

라즈베리

붉은 장미

기타 레드커런트

마시는 시기

▶ 바로 마시기 좋은

장기 숙성

단일 품종 or 블렌딩

단일 품종

▶ 블렌딩

양조 · 숙성

기본형 샴페인은 피노 누아[힘], 샤르도네[화려함], 뫼니에[과실미], 이 세 품종의 블렌딩으로 복합성과 균형을 빚어낸다.

가격

저렴한		비싼		초고가
1	2	**3**	**4**	5

가족

피노 누아

크레망 달자스에서 빛나는 개성

피노 블랑

Pinot Blanc

희귀 등급

A

이탈리아 : 피노 비앙코 *Pinot Bianco*

독일 : 바이스부르군더 *Weißburgunder*

기원과 역사

피노 누아의 돌연변이 품종. 출생지는 확실치 않지만 피노 누아(P54)와 깊은 관련이 있어, 부르고뉴 지방 출신설이 유력하다.

원래는 부르고뉴를 중심으로 재배되었으나, 현재는 알자스를 대표하는 품종으로 자리 잡았다.

특징

알자스에서도 특히 양질의 포도가 잘 나지 않는 비옥한 평지를 중심으로 재배된다.

주로 'Cremant d'Alsace(크레망 달자스)'라는 스파클링 와인의 주원료로 사용된다. 샴페인보다 품질과 가격 모두 훨씬 캐주얼해, 프랑스 사람들이 일상적으로 즐기는 와인으로 자리 잡았다.

산지 : 프랑스

재배 적지

서늘 — 온화 — 따뜻

맛

산도

■■■■■ (4/5)

당도

■■■■■ (1/5)

한마디 메모

은은하고 단순한 향. 그러나 탄탄한 바디감.

향

대표 향

레몬

청사과

마시는 시기

▶ 바로 마시기 좋은

장기 숙성

단일 품종 or 블렌딩

▶ 단일 품종

블렌딩

양조 · 숙성

스파클링 와인의 경우, 샴페인과 동일한 방식으로 양조된다.

가격

저렴한 — 비싼 — 초고가

1 | 2 | 3 | 4 | 5 (3)

가족

피노 누아

회색빛 껍질이 트레이드마크

피노 그리

Pinot Gris

희귀 등급 **B**

독일 : 그라우부르군더 *Grauburgunder*

이탈리아 : 피노 그리지오 *Pinot Grigio*

기원과 역사

피노 누아(P54)의 돌연변이 품종. 기원은 확실치 않지만 피노 누아와 깊은 관련이 있어, 부르고뉴 지방 출신설이 유력하다.

담백한 풍미 덕분에 음식과 잘 어울려 세계적으로 큰 인기를 얻고 있다. 북미에서는 소비자 설문조사에서 항상 상위권에 오를 만큼 사랑받는 품종이다.

특징

품종명에서 Gris(그리)는 '회색'을 뜻한다. 이름 그대로 포도 껍질은 갈색을 띤 회색빛을 하고 있다.

라벨에 'Pinot Grigio(피노 그리지오)'로 표기되는 것과는 스타일이 전혀 다르다. 'Pinot Gris(피노 그리)'는 늦게 수확한 포도로 빚은 응축감 있는 와인, 반대로 'Pinot Grigio(피노 그리지오)'는 이른 시기에 수확한 포도로 만든 경쾌한 스타일이다(P129).

산지 : 프랑스

재배 적지

서늘 — 온화 — 따뜻 (서늘 ~ 온화)

맛

산도 ■■■■■ (3/5)

당도 ■■■■■ (4/5)

한마디 메모

알코올 도수가 높고 풀 바디. 드라이뿐 아니라 스위트 스타일로도 만들어진다.

향

대표 향

백도 복숭아

기타 넥타린, 망고

마시는 시기

바로 마시기 좋은

▶ 장기 숙성

단일 품종 or 블렌딩

▶ 단일 품종

블렌딩

양조 · 숙성

일반적으로 스테인리스 탱크나 수십 년 사용한 대형 오크통에서 숙성해. 오크 향을 입히지 않는다.

가격

저렴한 — 비싼 — 초고가

1 · **2** · **3** · 4 · 5

가족

피노 누아

화려한 향에 넉다운

게뷔르츠트라미너

Gewürztraminer

희귀 등급

A

기원과 역사

이탈리아 북부, 오스트리아 국경 인근이 기원으로 알려져 있다. 그러나 지금은 이탈리아 북부보다 프랑스 알자스 지방에서 더 잘 알려져 있다. 프랑스에서는 차갑게 낸 푸아그라와 함께하는 대표 페어링 품종으로 그 지위를 확립했다.

특징

청포도 품종이지만 껍질은 분홍빛을 띤다. 강렬한 아로마와 은근한 단맛, 높은 알코올 도수와 묵직한 바디감은 한 번 맛보는 순간 강렬한 인상을 남긴다.

특히 또렷하게 드러나는 리치와 장미 향에 매혹되어 넉다운되는 이들이 속출한다.

재배 적지

서늘 ◀············▶ 온화 · 따뜻

맛

산도

□ □ ■ □ □

당도

□ ■ ■ ■ □

한마디 메모

약간 스위트한 맛. 알코올 도수가 높고 풀 바디, 오일리한 질감이 특징이다.

향

대표 향

리치

흰 장미

기타 생강

마시는 시기

▶ 바로 마시기 좋은

▶ 장기 숙성

단일 품종 or 블렌딩

▶ 단일 품종

블렌딩

양조 · 숙성

새 소형 오크통을 쓰면 리치와 흰 장미 느낌의 화려한 향과 충돌하기 때문에, 주로 스테인리스 탱크나 헌 대형 오크통에서 숙성된다.

가격

저렴한		비싼		초고가
1	**2**	3	4	5

가족

없음

달콤한 향에 빠져버린 당신,
머스캣(머쓱해)?

뮈스카

Muscat

희귀 등급
A

이탈리아 : 모스카토 *Moscato*
호주 : 머스캣 *Muscat*

기원과 역사

기원은 확실치 않지만, 프랑스 알자스 지방에서 특히 잘 알려져 있다.
'뮈스카 패밀리'라 불리며, 실제로는 여러 갈래의 품종이 존재한다. 예를 들어 '뮈스카 블랑 아 프티 그랭', '뮈스카 오토넬' 등이 있다. 와인용 포도뿐만 아니라, 식용 포도인 샤인머스캣도 이 계열에 속한다(뮈스카를 영어로 옮기면 머스캣).

특징

향의 화려함은 게뷔르츠트라미너(P76)와 1 · 2위를 다툴 정도. 달콤한 머스캣과 흰 장미 향은, 나도 모르게 "사랑에 빠져서 머스캣(머쓱해)"이라 말하고 싶어질 만큼 매혹적이다.
하지만 이 향을 제대로 즐기려면 숙성은 어울리지 않는다. 병 숙성이 진행되면 버섯이나 견과류 같은 향이 피어나, 정작 머스캣 특유의 화려한 향을 가려버리기 때문이다.

산지 : 프랑스

재배 적지

서늘 — 온화 — 따뜻

맛

산도

1	2	3	4	5
		■		

당도

1	2	3	4	5
■	■	■	■	■

한마디 메모

프루티한 매력. 스위트부터 드라이, 스틸 와인부터 스파클링, 주정 강화 와인까지 폭넓은 스타일로 빚어진다.

향

대표 향

머스캣

흰 장미

기타 머스크

마시는 시기

▶ 바로 마시기 좋은

장기 숙성

단일 품종 or 블렌딩

▶ 단일 품종

블렌딩

양조 · 숙성

새 소형 오크통을 쓰면 머스캣과 흰 장미 느낌의 화려한 향과 충돌하기 때문에, 주로 스테인리스 탱크나 헌 대형 오크통에서 숙성된다.

가격

저렴한 — 비싼 — 초고가

1	2	3	4	5
	■	■		

가족

토론테스

루아르의 우등생

슈냉 블랑

Chenin Blanc

희귀 등급

A

프랑스 루아르 지방 : 피노 드 라 루아르 *Pineau de la Loire*

남아프리카 공화국 : 스틴 *Steen*

기원과 역사

프랑스 루아르 지방이 본가. 별칭인 '피노 드 라 루아르'는 옛 언어로 '루아르의 포도'라는 뜻으로, 그만큼 루아르에서 두드러진 존재감을 지닌 품종임을 말해준다. 오늘날에는 남아프리카 공화국에서도 유명하다. 17세기, 종교적 박해를 피해 루아르 사람들이 남아프리카 공화국으로 이주하면서 슈냉 블랑을 함께 전했다는 설도 전해진다(P221).

특징

루아르는 날씨가 불안정해 해마다 포도의 개성이 달라진다. 어떤 해에는 신맛이 강하게, 또 어떤 해에는 달콤하게 익는다. 그래서 수확된 포도의 상태에 따라 스틸/스파클링, 드라이/스위트 등 스타일이 유연하게 달라진다.

산도가 높아 장기 숙성이 가능하며, 특히 스위트 스타일일 경우 그 잠재력은 더욱 빛을 발한다.

재배 적지

서늘 — 온화 — 따뜻

맛

산도

■■■■■ (5/5)

당도

■■■■□ (4/5)

한마디 메모

풍부한 산미. 드라이에서 스위트까지 폭넓은 스펙트럼을 지니며, 스파클링 와인으로도 빚어진다.

향

대표 향

모과

인동덩굴꽃

기타 젖은 짚

마시는 시기

바로 마시기 좋은

▶ 장기 숙성

단일 품종 or 블렌딩

▶ 단일 품종

블렌딩

양조 · 숙성

은은한 꽃 향이 오크 향과 충돌하지 않도록, 스테인리스 탱크나 헌 오크통에서 숙성된다.

가격

저렴한		비싼		초고가
1	**2**	**3**	4	5

가족

소비뇽 블랑

새로운 터전을 얻은 샤르도네의 여동생

뮈스카데

Muscadet

희귀 등급

B

프랑스 : 믈롱 드 부르고뉴 *Melon de Bourgogne*

프랑스 : 믈롱 블랑 *Melon Blanc*

기원과 역사

프랑스 부르고뉴 지방 출신으로, 샤르도네(P44)와는 자매 관계. 그러나 언니 샤르도네와 달리 장기 숙성에는 어울리지 않아, 고급스러움을 지향하는 부르고뉴에서는 외면받고 결국 자취를 감췄다.

불운한 배경을 지닌 뮈스카데지만, 지금은 루아르 지방에서 진가를 발휘하며 해산물과 잘 어울리는 합리적인 와인으로 인기가 급상승 중이다.

특징

언니 샤르도네와 마찬가지로 '무개성이라는 개성(뉴트럴)'이 특징이다. 다만 샤르도네에 비해 과실 향은 한결 은은하고, 풍미의 깊이도 약하다. 게다가 산화가 빠르기 때문에, 와인으로 빚을 때는 샤르도네와는 다른 방식이 필요하다. 완성된 와인에서는 은근한 빵드미(식빵) 향이 피어난다.

재배 적지

서늘 ← → 온화 → 따뜻 (적지: 서늘)

맛

산도: 5/5

당도: 1/5

한마디 메모

입안에서 섬세하고 매끄럽게 흐르며, 바닷가 재배로 인한 해풍 영향 덕분에 은은한 짠맛이 남는다(포도는 씻지 않는다).

향

대표 향

자몽

【숙성 향】 뻥드미

기타

청사과

【숙성 향】 긴죠슈

마시는 시기

▶ **바로 마시기 좋은**

장기 숙성

단일 품종 or 블렌딩

▶ **단일 품종**

블렌딩

양조 · 숙성

산화되거나 오크 향이 섬세한 향을 덮어버리지 않도록, 스테인리스 탱크를 사용한다. 또한 '쉬르 리 방식'(P29)으로 숙성해 뻥드미나 긴죠슈 같은 향을 부여한다.

가격

저렴한 — 비싼 — 초고가

1 2 3 4 5

가족

피노 누아

샤르도네

알리고테

가메이

론의 프리미엄 화이트는 저에게 맡겨주세요

비오니에

Viognier

희귀 등급

A

기원과 역사

본고장은 프랑스 론 지방. 1990년대 초반, 비오니에는 급격히 인기를 얻었다. 그 배경에는 샤르도네(P44)와 마찬가지로 오크 풍미와 고급스러운 맛이라는 공통점이 있었다. 그러나 샤르도네보다 훨씬 화려한 개성을 지녔기에, 당시 샤르도네에 싫증을 느끼던 미국 소비자들의 마음을 사로잡은 것이다(P203).

특징

론의 프리미엄 화이트 와인은 대부분 비오니에로 빚어진다.
와인으로 탄생하면 살구와 노란 꽃의 향이 화려하게 피어나고, 오크 숙성에서 오는 바닐라 향이 더해져 한층 고혹적이다. 깊고 풍부한 바디감 덕분에, 소량만 마셔도 충분한 만족감을 주는 것이 특징.

산지 : 프랑스

재배 적지

서늘 — **온화** — 따뜻

맛

산도

■■■■■ (3/5)

당도

■■■■■ (2/5)

한마디 메모

알코올 도수가 높고 풀 바디, 깊이 있는 풍미가 특징이다.

향

대표 향

살구

금목서

기타 【오크 숙성】 바닐라

마시는 시기

▶ **바로 마시기 좋은**

장기 숙성

단일 품종 or 블렌딩

▶ **단일 품종**

블렌딩

양조 · 숙성

아로마틱 품종이면서도 드물게 새 소형 오크통 숙성을 거치는 독특한 스타일. 그 화려함이 때로는 "너무 과하다"는 평가를 받기도 한다.

가격

저렴한		비싼		초고가
1	**2**	**3**	**4**	5

가족

시라

네비올로

둘이서 하나, 쌍둥이 형제

루산 & 마르산

Roussanne & Marsanne

희귀 등급

A

기원과 역사

본고장은 프랑스 론 지방. 루산이라는 이름은 'Rousses(적갈색)'에서 유래했으며, 이름 그대로 포도 껍질이 붉은 갈색을 띤다. 마르산은 론 계곡의 마르산 마을에서 비롯되었다는 설이 유력하다.

루산은 병충해에 약해 재배가 까다로운 품종이었고, 이를 보완하기 위해 안정적으로 수확할 수 있는 마르산을 섞어 생산량을 유지해 온 역사가 있다.

특징

이 두 품종은 말 그대로 '둘이서 하나' 같은 존재로, 단일 품종으로 양조되는 경우는 드물다. 혈연 관계에 있어 향 또한 비슷하다. 프랑스뿐 아니라 캘리포니아에서도 주목받고 있으며, 이 두 품종으로 화이트 와인을 빚는 생산자들은 마치 전대물 히어로처럼 '론 레인저'라 불린다.

재배 적지

서늘 — 온화 — 따뜻 (온화~따뜻)

맛

산도: ■■■□□ (5단계 중 3)

당도: ■□□□□ (5단계 중 1)

한마디 메모

루산은 섬세하고, 마르산은 풀바디에 리치하다.

향

대표 향

황도
복숭아

기타

【루산】 허브티
【마르산】 인동덩굴꽃
【오크 숙성】 토스트

마시는 시기

▶ 바로 마시기 좋은
장기 숙성

단일 품종 or 블렌딩

단일 품종
▶ 블렌딩

양조 · 숙성

어떤 용기를 쓰느냐는 양조자에 따라 달라진다. 신선한 스타일을 원하면 스테인리스 탱크에서, 토스트 향이 감도는 복합적인 스타일을 원한다면 소형 오크통에서 숙성한다.

가격

저렴한 — 비싼 — 초고가

1	**2**	3	4	5

가족

없음

지중해의 프린스

그르나슈

Grenache

희귀 등급
C

스페인 : 가르나차 *Garnacha*

이탈리아 사르데냐 : 칸노나우 *Cannonau*

기원과 역사

출신지는 스페인 북부라는 설도, 이탈리아 사르데냐 섬이라는 설도 있어 아직 확실치 않다. 그러나 지중해 전역에 퍼져 강한 존재감을 드러내는 만큼, '지중해의 프린스'라 불려도 과언이 아니다.

현재 세계에서 그르나슈를 가장 많이 생산하는 나라는 프랑스다.

특징

건조와 더위에 강해, 가뭄이 문제로 떠오르는 지중해 연안에서 압도적인 존재감을 발휘한다. 단단하고 튼튼한 줄기는 거센 바람에도 꿋꿋이 견뎌내는 강인한 품종이다.

그르나슈는 수확량에 따라 와인의 스타일이 달라진다. 풍작일 때는 붉은 과실 향이 감도는 가벼운 와인으로, 수확량이 줄면 검은 과실 향이 피어나는 힘 있는 와인으로 태어난다.

재배 적지

서늘 — 온화 — 따뜻

맛

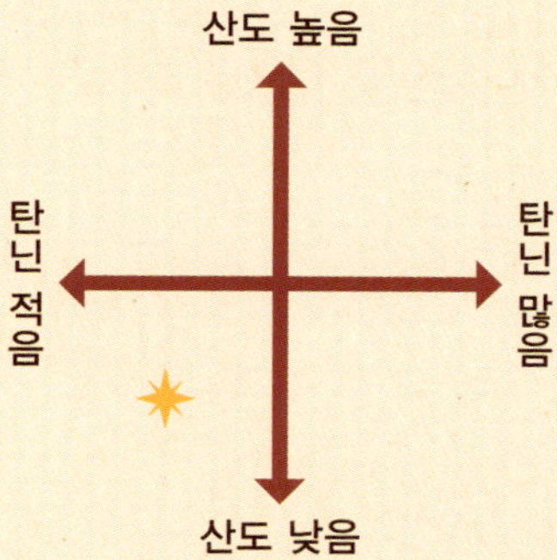

한마디 메모

탄닌과 산도는 낮지만, 알코올은 높고 과실미가 풍부하다.

향

대표 향

레드플럼

화이트페퍼

기타 블랙플럼

마시는 시기

▶ 바로 마시기 좋은

▶ 장기 숙성

단일 품종 or 블렌딩

▶ 단일 품종

▶ 블렌딩

양조 · 숙성

론 지방에서는 보통 500ℓ 정도의 헌 중형 오크통에서 숙성된다. 스틸 와인뿐 아니라 주정 강화 와인(P13)으로도 빚어진다.

가격

저렴한 — 비싼 — 초고가

1 | 2 | 3 | 4 | 5

가족

없음

터프한 일꾼

생소

Cinsaut

희귀 등급

S

기원과 역사

프랑스 랑그도크루시용 지방과 프로방스 지방에서 오랫동안 재배되어 온 품종으로, 정확한 기원은 밝혀지지 않았다.
척박한 환경에서도 안정적인 수확량을 보장하기 때문에, 전후부터 1960년대까지는 대량 생산형 와인의 주요 품종으로 가치있게 활용되었다. 그러나 최근에는 양보다 질로 방향을 전환하고 있다.

특징

그르나슈(P88)와 공통점이 많다. 건조와 더위에 강하고, 거센 바람이 부는 곳에서도 자라는 강인한 품종이다. 탄닌은 온화하지만 붉은 과실 향이 화사하게 피어나는 와인이 된다.
또한 레드뿐 아니라, 은은한 벚꽃빛을 띠는 향기로운 로제 와인으로도 자주 빚어진다.

산지 : 프랑스

재배 적지

서늘 — 온화 — **따뜻** (따뜻 범위 표시)

맛

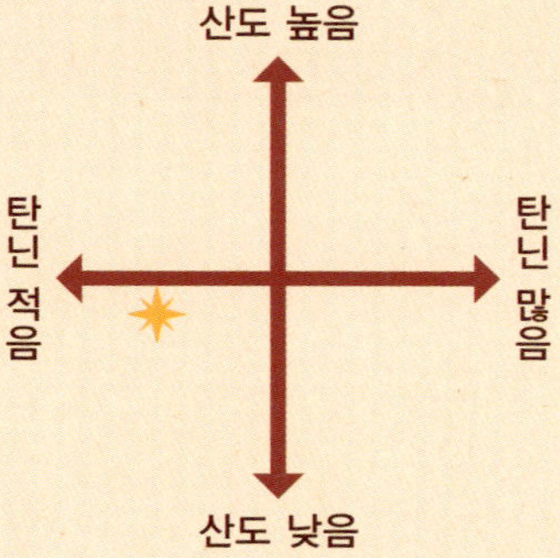

한마디 메모

산도와 탄닌은 낮지만 알코올 도수는 높다. 달콤한 풍미가 특징이며, 로제로도 빚어진다.

향

대표 향

레드체리

타임

기타 무두질한 가죽

마시는 시기

▶ **바로 마시기 좋은**

장기 숙성

단일 품종 or 블렌딩

단일 품종

▶ **블렌딩**

양조 · 숙성

단일 품종으로는 거의 쓰이지 않고, 주로 시라(P52)나 그르나슈의 보조 품종으로 활용된다. 주역으로 나서는 일은 드물다.

가격

저렴한		비싼		초고가
1	**2**	3	4	5

가족

피노타주

수확량 많은 품종이냥

까리냥

Carignan

희귀 등급

A

스페인 : 까리녜냐 *Cariñena*

스페인 리오하 : 마주엘로 *Mazuelo*

기원과 역사

스페인 북동부 까리녜냐 마을 출신. 이곳에서 프랑스 남부로 포도나무가 전해졌다.

전쟁 후에는 값싸고 부담 없이 마실 수 있는 '질보다 양'의 와인이 요구되면서, 수확량이 많은 까리냥은 남프랑스의 주력 품종이 되었다. 최근에는 칠레와 스페인 프리오라토 지역의 올드 바인 까리냥이 주목받고 있다.

특징

어린 포도나무일 때는 많은 수확이 가능하지만, 와인은 다소 투박하고 시골스러운 인상을 준다. 그러나 나무가 고목으로 성장하면, 한 그루에서 얻는 수확량은 줄어드는 대신 훨씬 고품질의 포도가 맺힌다. 이런 경우 라벨에 고목을 뜻하는 'Vieille Vigne(Old Vine)'이라 표기되기도 한다.

재배 적지

서늘 — 온화 — **따뜻**

맛

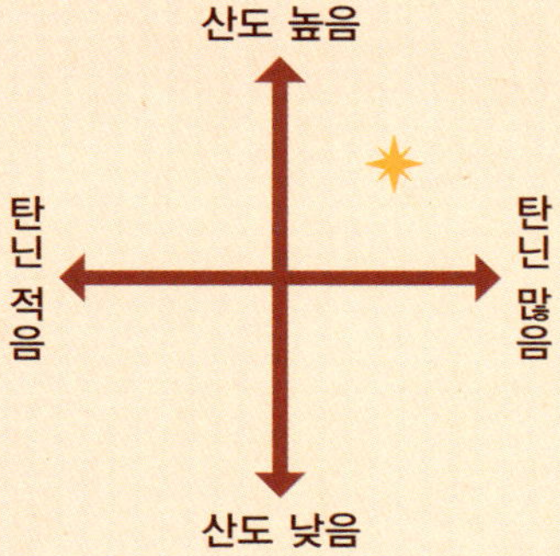

한마디 메모

산도와 탄닌이 풍부해 힘 있는 맛을 낸다. 특유의 무두질한 가죽과 흙 내음이 감돌며, 토양을 닮은 풍미가 드러난다.

향

대표 향

카시스

무두질한 가죽

기타: 담배, 흙, 딸기 캔디

마시는 시기

▶ **바로 마시기 좋은**

장기 숙성

단일 품종 or 블렌딩

단일 품종

▶ **블렌딩**

양조 · 숙성

가메이(P58)처럼 딸기 캔디 향이 선명하게 표현되는 독특한 양조 방식으로 만들어지는 경우가 많으며, 대개 그르나슈(P88)와 블렌딩된다. 값싼 와인이 많으며, 여러 번 사용된 헌 대형 오크통에서 숙성된다.

가격

저렴한 — 비싼 — 초고가

1 2 3 4 5

가족

없음

남프랑스 No.1 하드보일드

타나

Tannat

희귀 등급 **S**

우루과이 : 아리아게 *Harriague*

기원과 역사

프랑스 남서부가 본고장. 이름의 유래는 '탄닌(tannin)'에서 왔으며, 그 이름처럼 떫은맛의 강도는 상상을 뛰어넘는다.

19세기 후반, 프랑스 남서부에서 남미로 이주 노동자가 늘어나면서 타나 역시 우루과이로 건너갔다. 이후 이 품종은 점차 뿌리를 내려, 오늘날에는 우루과이를 대표하는 포도 품종으로 자리 잡았다.

특징

탄닌이 풍부해 장기 숙성에 적합하다. 한때 영국인들은 "이 떫은 와인이라면 긴 항해도 거뜬히 버틴다"며 기뻐하며 자국으로 가져가 즐기기도 했다.

오늘날에는 "너무 떫다"는 평이 많아, 메를로(P66)를 블렌딩해 탄닌을 부드럽게 조정하기도 한다.

재배 적지

맛

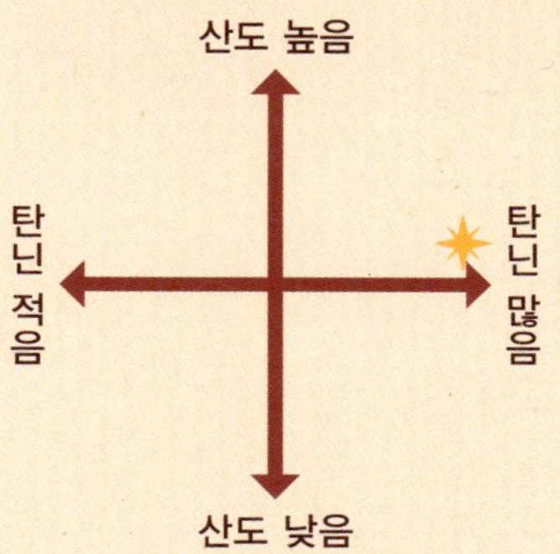

한마디 메모

잇몸을 꽉 조이는 듯한 강렬한 탄닌. 힘차고 묵직한 풀 바디 스타일이다.

향

대표 향

블랙베리

블랙페퍼

마시는 시기

바로 마시기 좋은

▶ 장기 숙성

단일 품종 or 블렌딩

단일 품종

▶ 블렌딩

양조 · 숙성

메를로를 더해 과실미와 부드러움을 보강하는 경우가 많으며, 탄닌을 누그러뜨리기 위해 소형 오크통에서 숙성하는 것이 일반적이다.

가격

저렴한		비싼		초고가
1	**2**	**3**	4	5

가족

없음

Column

라벨 읽는 법 프랑스 편

전문점이나 백화점에서 프랑스 와인을 살펴보자

라벨 읽는 법을 알면, 와인을 고르기가 훨씬 쉬워집니다. 여기서는 전문점이나 백화점에서 자주 볼 수 있는 고가 프랑스 와인(※ 'WineFile'의 '가격'이 3 이상)에 표기된 라벨의 읽는 법을 소개합니다.

라벨의 표기 방식은 각 나라의 '와인법'에 따라 정해져 있습니다.그리고 **기본적으로, 전문점이나 백화점에 진열된 프랑스 와인은 지명이 와인의 이름**이 됩니다. 예를 들어 'Chablis(샤블리)'나 'Vosne-Romanée(본 로마네)' 같은 이름도 모두 토지의 이름이며, **일반적으로 라벨에 포도 품종은 표기되지 않습니다**.

이는 프랑스 사람들에게 있어 와인의 차이를 만들어내는 것은 포도 품종이 아니라 '토지의 개성'이라고 생각하기 때문입니다.

실제로 농업 대국 프랑스에는 이 '토지의 개성'을 보호하기 위한 엄격한 규정이 존재합니다. 예를 들어 라벨에 'Chablis'라는 지명을 표기하려면, 사용되는 포도 품종, 재배 방식, 그리고 와인 양조 과정까지, 규정되어 있는 법을 지켜야 합니다.

와인의 이름을 쉽게 찾는 법

실제로 라벨을 자세히 보면 여러 가지 정보가 빼곡하게 적혀 있어서 어디까지가 와인 이름인지 헷갈릴 때가 있습니다. 그럴 때는 **'Appellation ○○ Contrôlée'라는 문구를 찾아보세요**. 이 문구에서 **'Appellation'과 'Contrôlée' 사이에 적힌 단어가 바로 그 와인이 생산된 토지의 이름이자, 와인명**입니다.

참고로, Appellation은 '명칭'을, Contrôlée는 '통제되는'이라는 뜻을 갖습니다. 즉, 'Appellation Vosne-Romanée Contrôlée'라고 표기되어 있다면, "본 로마네는 법으로 통제되는 토지의 이름입니다"라는 의미가 됩니다(최근에는 'Contrôlée' 대신 'Protégée(보호되는)'라고 쓰는 경우도 있습니다).

대표적인 프랑스의 라벨

하지만 이 규칙에 따르지 않는 예외적인 경우도 있습니다. 대표적인 세 가지를 소개합니다.

예외 ①

보르도 지방

와인명이 'Château ○○'로 되어 있는 경우. 'Château(샤또)'는 '성(城)'을 뜻하며, 그 뒤에 오는 이름은 생산자의 이름을 나타냅니다.

예외 ②

샹파뉴 지방

샴페인의 경우, 기본적으로 생산자의 이름이 와인명이 됩니다. 예를 들어 'Dom Pérignon(돔 페리뇽)'은 생산자명이자 와인명입니다.

예외 ③

알자스 지방

알자스 지방의 와인은 라벨에 포도 품종명을 표기합니다. 따라서 이 경우 와인명은 'Alsace Riesling(알자스 리슬링)'이 됩니다.

와인
캐릭터
제작 비하인드

Part 2

와인을 골라보자

Explanation

먼저 네 가지 타입부터 시도해보세요

Simple is the best!

수많은 포도 품종, 산지, 그리고 생산자들. 게다가 맥주와 달리 와인에는 빈티지(수확 연도)까지 있으니 이야기가 복잡해질 수밖에 없습니다.

그래서 추천드리고 싶은 방법은, 와인을 단순하게 **'가벼운 화이트', '무거운 화이트', '가벼운 레드', '무거운 레드'** 이 네 가지 타입으로 나누어 보는 것입니다.

와인의 가벼움과 무거움은 매장에서 흔히 **'라이트 바디'**, **'풀 바디'**라고 표기되어 있습니다. 그 중간 정도의 것은 **'미디엄 바디'**라고 부르죠. 이 '바디'란, 한마디로 입안에서 느껴지는 무게감을 뜻합니다. 예를 들어 우유와 마시는 요거트를 비교해보면, 요거트 쪽이 훨씬 묵직하게 느껴지지요. 이처럼 음료에는 모두 나름의 무게감이 있습니다.

참고로, 이 '바디감'은 알코올 도수와도 깊은 관련이 있습니다. **도수가 높을수록 풀 바디, 낮을수록 라이트 바디**가 되는 경향이 있습니다.

6대 품종으로 기준 세우기

가벼운 화이트의 대표 품종은 **소비뇽 블랑** ⇒p48 과 **리슬링** ⇒p46 입니다. 무거운 화이트의 대표 주자는 단연 **샤르도네** ⇒p44 입니다. 가벼운 레드는 **피노 누아** ⇒p54 , 무거운 레드는 **카베르네 소비뇽** ⇒p50 과 **시라** ⇒p52 가 대표적입니다.

이 여섯 품종은 와인 세계의 스타로 불리며, '6대 품종'이라 불립니다. 먼저 이 4가지 타입, 6가지 품종을 기준 삼아 자신이 좋아하거나 맞지 않는 스타일을 찾아보는 것이 좋습니다.

특히 추천드리고 싶은 것은, 슈퍼나 편의점에서도 쉽게 구할 수 있는 **샤르도네**와 **카베르네 소비뇽**입니다. 특히 칠레산 샤르도네 ⇒p220 와 칠레산 카베르네 ⇒p219 는 가격도 합리적일 뿐 아니라, 대부분 단일 품종 와인으로 만들어져 포도 품종의 특징을 명확히 느끼기 좋습니다. 와인을 처음 시작하신다면, 우선 이 두 가지 품종부터 맛보는 것을 권해드립니다.

먼저 시도해볼 와인

화이트는 샤르도네, 레드는 카베르네

샤르도네 ⇒p44 로 만든 화이트 와인은 대체로 산도가 부드러워, 풍미가 온화하고 부드럽게 느껴집니다. 다시 말해, 묵직하고 깊이 있는 맛이 특징입니다. 샤르도네를 마셔보고 맛있다라고 느끼셨다면, 무게감 있는 와인을 좋아하시는 편일지도 모릅니다. 그렇다면 비슷하게 진한 맛을 지닌 **비오니에** ⇒p84 또한 입맛에 잘 맞을 것입니다.

반대로, 샤르도네를 마셨을 때 "내 취향은 아닌데…"라고 느꼈다면, **리슬링** ⇒p46 이나 **소비뇽 블랑** ⇒p48 와인을 시도해보세요. 이 두 품종은 산도가 높고 상큼하며, 깔끔하고 청량한 스타일로, 샤르도네와는 정반대의 개성을 지니고 있습니다.

레드 와인을 고른다면, 카베르네 소비뇽 ⇒p50 으로 만든 와인은 대체로 탄닌이 강하고, 힘 있고 묵직한 맛이 특징입니다. 이 와인을 마셔보고 "내 스타일이네"라고 느끼신다면, **메를로** ⇒p66 나 **시라** ⇒p52 도 분명 마음에 드실 겁니다. 이 두 품종 역시 탄탄하고 진한 맛을 지니고 있기 때문입니다.

반대로, 카베르네 소비뇽을 마셨을 때 "조금 강한데…"라고 느꼈다면, **피노 누아** ⇒p54 나 **가메이** ⇒p58 를 추천합니다. 이 두 품종은 탄닌이 부드럽고, 한층 가볍고 산뜻한 맛을 즐길 수 있습니다.

화이트 와인을 시도한다면

레드 와인을 시도한다면

Explanation

얼마짜리 와인부터 시작할까?

처음부터 고급 와인을 마셔도 감동은 어렵다

와인은 1000엔 정도의 저가형부터 수만 엔, 심지어 수백만 엔에 이르는 초고가 와인까지 다양합니다.

수만 엔짜리 와인 중에는 마치 장인이나 도인처럼, 자신만의 철학으로 와인을 빚는 생산자도 있습니다.

하지만 이런 고집스러운 명품 와인을 입문 단계에서 마신다면, 오히려 실망할 가능성이 있습니다. 이유는 간단합니다. 비싼 가격 때문에 기대치가 너무 높아지는 데다, 고급 와인은 대체로 전문가 취향의 복잡한 맛으로 만들어져 있어 초보자에겐 어렵게 느껴질 수 있기 때문입니다.

'Trading Up'이란, 조금씩 상위 단계로 올라가는 것을 의미합니다. 예를 들어 1000엔 와인에서 1500엔 와인으로, 또는 1500엔에서 3000엔 와인으로……이렇게 한 단계씩 올려가는 방식입니다.

처음에는 부담 없는 가격대의 와인으로 시작해, 입맛이 익숙해질수록 조금씩 고급 와인으로 옮겨가면, 자연스럽게 와인의 깊이와 매력을 이해하게 될 것입니다.

1000엔대 와인부터 시작해보자

1000엔 전후의 와인을 생산하는 와이너리를 여러 번 방문한 적이 있습니다. 그곳은 대체로 규모가 크고, 시설이 청결하며, 양조 장비가 잘 갖추어져 있습니다. 대량 생산을 하면서도 시음해보면 대부분 균형 잡힌 맛을 자랑하지요. 생산자들 역시 한결같이 "우리는 밸런스를 가장 중요하게 생각합니다"라고 말합니다.

이 가격대의 와인이 훌륭한 이유는, **초보자든 전문가든 누구나 맛있게 느낄 수 있다는 점입니다. 그 핵심은 바로 균형감**. 너무 시지도, 너무 떫지도, 너무 무겁지도 않으며, 적당히 과일 향이 살아 있습니다. 이런 균형 잡힌 맛을 싫어할 사람은 거의 없을 것입니다. 사실 이렇게 '누구에게나 맛있는 와인'을 꾸준히 만들기란 매우 어렵습니다. 그래서 이 가격대의 와인일수록 양조가의 실력이 드러납니다.

또 하나의 매력은, 대부분 유명한 포도 품종으로 만들어진다는 점입니다. 예를 들어 샤르도네 ⇒p44 나 카베르네 소비뇽 ⇒p50 같은 익숙한 품종들이 많아, 매장에서 선택하기 쉽고 **'기본 품종'을 배우기에 좋은 교과서 같은 와인들이 풍부**합니다. 처음 와인을 시작한다면, 1000엔 전후의 와인부터 시작해보세요.

One Point!

일본에서 가장 많이 팔리는 와인 가격대는 1000엔대와 3000엔대입니다. 이 두 구간의 판매량이 워낙 높아, 그래프로 그리면 마치 '쌍봉낙타'처럼 보일 정도입니다. 따라서 "오늘은 와인 예산을 얼마나 잡을까?" 고민될 때는, 집에서 가볍게 즐길 때는 1000엔대, 특별한 날엔 3000엔대, 이 두 가지를 기준으로 선택하면, 상황에 딱 맞는 와인을 고를 수 있을 것입니다.

Explanation

병 모양으로 와인의 맛을 상상하기

병의 형태로도 맛을 예측할 수 있다

길에서 학사모를 쓴 여성을 보면 "졸업식인가?" 하고, 유카타 차림의 사람을 보면 "아, 불꽃놀이 가는구나" 하고 떠올리듯, 병 모양만 보고도 와인의 맛을 어느 정도 짐작할 수 있다면 쇼핑 시간도 줄일 수 있고, 식사 자리나 데이트에서도 은근히 '와인 좀 아는 사람'처럼 보일 수 있습니다.

"그 정도 되려면 10년은 공부해야 하는 거 아냐?"라고 생각할 수도 있지만, 걱정하지 마세요. 사실 병의 형태만 봐도 와인의 스타일을 쉽게 구분할 수 있습니다.

프랑스의 경우를 예로 들면, **진하고 묵직한 레드 와인을 만드는 보르도 지방은 어깨가 각진 병, 가볍고 부드러운 레드를 만드는 부르고뉴 지방은 어깨가 둥근 병, 향이 풍부한 화이트 와인을 생산하는 알자스 지방은 플루트형 병**을 사용합니다.

세계 대부분의 와인 생산국은 프랑스를 본보기로 삼기 때문에, 다른 나라에서도 자연스럽게 이러한 병 형태를 따라 사용하고 있습니다.

▼ 세 가지 병의 형태

예뻐 보여서 사는 것도 괜찮다

와인을 즐기려면 반드시 지식이 필요할까요? 그렇지 않습니다. 오히려 와인은 감성으로 즐기는 술이라고 할 수 있습니다.

매장에 진열된 수많은 와인 라벨들은 마치 작은 미술관 같습니다. 라벨을 보는 것만으로도 즐겁고, 와인은 음악이나 미술 작품처럼 **'예뻐 보여서 사는 것'도 충분히 가능**합니다.

와인에는 철학과 예술의 요소가 깃들어 있습니다. 예를 들어, 프랑스의 생산자 레 카이유 뒤 파라디의 'Racines(라씬)'의 라벨에는 제초제나 살충제를 쓰지 않고도 포도의 생명력으로 건강한 열매를 수확할 수 있다는 신념이 담긴 그림이 그려져 있습니다.

또한 호주의 루시 마르고처럼 매년 라벨을 바꾸거나 하이엔드 브랜드와 협업해 세련된 이미지를 강조하는 생산자도 있습니다. 이탈리아의 도나푸가타는 돌체앤가바나 디자인의 라벨로 유명하죠. 병을 열기 전부터 이미 설렘이 차오릅니다.

각 라벨에는 생산자의 생각과 메시지가 담겨 있습니다. 그 감정을 읽어낼 수 있는 사람은, **지식이 많은 사람보다 오히려 감수성이 풍부한 사람, 즉 음악, 미술, 영화, 여행을 사랑하는 사람**일지도 모릅니다.

Explanation

직원을 내 편으로 만들자

전문점은 무서울까?

와인을 막 시작했을 때는, 전문점이나 백화점 와인 코너에 들어서는 것조차 쉽지 않습니다.

유명한 가게일수록 직원이 소믈리에 자격을 가지고 있는 경우가 많아 "말을 걸면 어떡하지? 산지나 품종도 잘 모르는데……" 하고 주저하게 되는 분들도 많습니다.

게다가 전문점이나 백화점은 대체로 고가 와인을 취급하므로 "비싼 와인을 권유받는 건 아닐까?" 하고 불안해지기도 하지요.

하지만 걱정할 필요는 없습니다. 직원을 내 편으로 만들면, 가격 이상의 가치가 있는 와인이나 평소엔 만나기 어려운 희귀한 와인도 발견할 수 있습니다. 아래에서는 직원과 대화할 때 기억해 두면 좋은 세 가지 포인트를 소개합니다.

직원에게 전할 세 가지 포인트

① 예산

전문점에는 3000엔대부터 1만 엔 이상까지 다양한 가격대의 와인이 있습니다. 따라서 어떤 가격대를 찾고 있는지를 미리 명확히 전하는 것이 중요합니다. 기준이 되는 구간은 **대체로 3000엔 전후 / 5000엔 전후 / 1만 엔 전후** 입니다.

② 용도

본인이 마시기 위한 것인지, 와인 모임에 가져갈 것인지, 혹은 선물용인지 목적을 구체적으로 말해 주세요. 집에서 마실 와인은 자신의 취향을 기준으로 고르면 충분하지만, 와인 모임이라면 모임의 성격이나 참가자들의 취향에 맞추는 편이 좋습니다. 예를 들어 와인 애호가가 모이는 자리라면, 유명 산지보다 조금 생소한 나라나 품종의 조합이 오히려 호평을 받을 수 있습니다. 이런 분위기를 직원에게 전하면, 알맞은 추천을 받을 수 있을 것입니다.

③ 타입

단순히 '레드 / 화이트 / 로제'로 구분하는 것보다, 앞서 설명한 **'가벼운 화이트', '무거운 화이트', '가벼운 레드', '무거운 레드'** ⇒p100 중 어떤 타입을 원한다고 말해주면, 원하는 와인을 훨씬 쉽게 찾을 수 있습니다. 만약 정확히 모르겠다면, 전에 마셔서 좋았던 품종이나 입에 맞지 않았던 품종을 알려주는 것도 좋은 방법입니다.

전문적인 지식은 전혀 필요 없습니다. '와인 실력'을 키울 수 있는 기회라고 생각하고, 용기 내어 직원에게 말을 걸어보세요.

WineFile002.

이탈리아를 대표하는 포도 품종

피에몬테주

베네토주

프리울리 베네치아 줄리아주

토스카나주

마르케주

아브루초주

캄파니아주

사르데냐섬

시칠리아섬

※여러 지역에서 재배되는 품종도 있지만, 이 책에서는 특히 유명한 산지를 중심으로 소개했습니다.

중요 품종

이탈리아 와인의 왕

네비올로

Nebbiolo

희귀 등급

A

이탈리아 피에몬테 북부 : 스판나 *Spanna*

이탈리아 롬바르디아주 : 키아벤나스카 *Chiavennasca*

기원과 역사

이탈리아 북서부가 본고장. 품종 이름은 늦가을 안개(Nebbia)가 자욱한 시기에 수확되기 때문이라는 설, 포도꽃이 피었을 때 안개처럼 보였다는 설 등 여러 기원설이 존재한다.

13세기 문헌에도 이미 기록이 남아 있을 만큼 유서 깊은 품종으로, 장기 숙성형의 위대한 와인을 빚어내는 고귀한 품종이자 이탈리아 와인의 왕이라 불린다.

특징

북부 이탈리아를 대표하는 와인인 'Barolo(바롤로)'와 'Barbaresco(바르바레스코)'의 주인공이 바로 네비올로다.

산도와 탄닌이 모두 높아, 숙성의 관점에서는 무적이라 불러도 좋다. 병입 후에도 시간이 흐르면서 품질이 더욱 깊어지고, 세월과 함께 담배나 트러플의 향이 차츰 피어오른다.

재배 적지

서늘 — 온화 — 따뜻 (적지: 온화)

맛

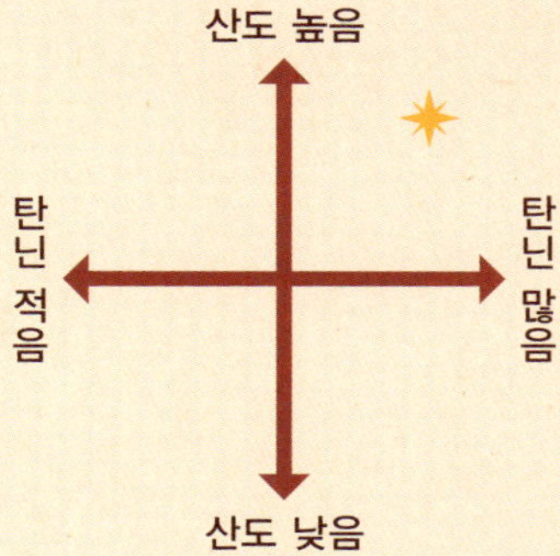

한마디 메모

산도와 탄닌이 모두 높아, 마치 입 안의 피부가 당겨지는 듯한 통증에 가까운 인상을 주기도 한다.

향

대표 향

레드체리

붉은 장미

기타

타르

【숙성 향】 트러플, 담배

마시는 시기

바로 마시기 좋은

▶ 장기 숙성

단일 품종 or 블렌딩

▶ 단일 품종

블렌딩

양조 · 숙성

강한 떫은맛을 누그러뜨리기 위해, 프랑스산보다 은은한 오크향이 배는 크로아티아산 대형 오크통 '보테'에서 숙성된다. 덕분에 병을 열자마자 이미 숙성된 듯한 풍미를 지닌 경우가 많다.

가격

저렴한		비싼		초고가
1	2	**3**	**4**	**5**

가족

비오니에

중요 품종

이탈리아의 국민 품종
산지오베제

Sangiovese

희귀 등급 **B**

이탈리아 토스카나주 남부 : 브루넬로 *Brunello*

프랑스 : 니엘루치오 *Nielluccio*

기원과 역사

DNA 감정 결과, 산지오베제는 남이탈리아에 뿌리를 둔 품종임이 밝혀졌다. 그러나 구체적인 출신지는 여전히 미스터리로 남아 있다.
역사가 긴 품종으로, 1600년경에는 'Sangiogheto(산지오게토)'라는 이름으로 문헌에 기록되어 있었다. 오늘날에도 이탈리아에서 가장 폭넓게 사랑받는 품종으로, 중남부를 중심으로 거의 모든 주에서 재배되고 있다.

특징

기본적으로는 껍질이 얇아 밝은 색감을 띠며, 붉은 과실 향이 피어나는 와인이 된다. 그러나 변이가 잦은 특성 탓에, 때로는 껍질이 두껍고 짙은 색을 띠며 검은 과실 향을 내는 경우도 있다. 이 때문에 블라인드 테이스팅에서는 "이게 산지오베제다"라고 단정하기 쉽지 않다.

재배 적지

서늘 — 온화 — 따뜻

(범위: 온화 ~ 따뜻)

맛

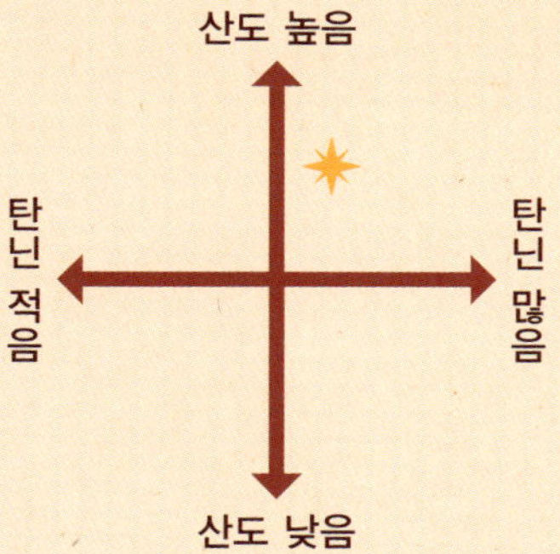

한마디 메모

산미가 강하고, 떫은맛도 강하다. 거친 입자를 느끼게 하는 까슬한 탄닌 역시 특징이다.

향

대표 향

레드체리

기타 토마토 잎, 블랙올리브

마시는 시기

- 바로 마시기 좋은
- 장기 숙성

단일 품종 or 블렌딩

- 단일 품종
- 블렌딩

양조 · 숙성

일반적으로는 크로아티아산 오크통에서 숙성되는데, 이는 프랑스산보다 오크향의 영향이 은은하며 가격이 저렴해 원가를 낮출 수 있다는 장점이 있다.

가격

저렴한		비싼		초고가
1	2	3	4	5

(1~4 표시)

가족

네렐로 마스칼레제

중요 품종

남쪽의 네비올로!?

알리아니코

Aglianico

희귀 등급

A

기원과 역사

본고장은 남이탈리아. 오랫동안 그리스에서 건너온 품종이라 믿어졌지만, 최근 DNA 분석을 통해 그 설은 부정되었다.

지금은 남이탈리아에서 가장 유명한 품종이자, 위대한 와인을 탄생시키는 원천으로 자리 잡고 있다. 그 역사는 오래되어, 15세기 말 문헌에는 이미 '알리아니코'라는 이름으로 등장하고 있다.

특징

껍질이 두껍고 색조가 짙다. 산도와 탄닌이 모두 높다는 점에서 네비올로(P112)와 닮아, 흔히 '남쪽의 네비올로'라 불린다.

네비올로와 마찬가지로 장기 숙성에 적합하며, 스케일이 큰 와인을 빚어내기 때문에 축제나 선물용 와인으로도 애용된다.

재배 적지

서늘 — 온화 — 따뜻 (따뜻 구간)

맛

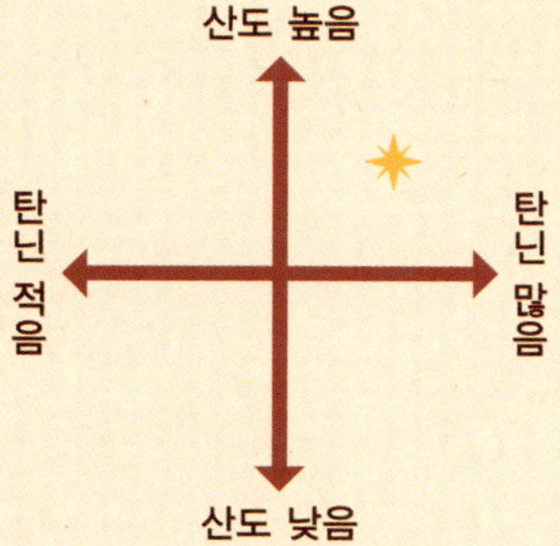

한마디 메모

강한 산도와 힘 있는 탄닌. 여기에 결이 곱고 섬세한 탄닌이 더해지는 것이 특징이다.

향

대표 향

블랙체리

담배

기타

흙
【오크 숙성】 초콜릿, 바닐라

마시는 시기

바로 마시기 좋은

▶ **장기 숙성**

단일 품종 or 블렌딩

▶ **단일 품종**

블렌딩

양조 · 숙성

강한 탄닌을 부드럽게 하기 위해 오크 숙성은 필수이며, 최고의 와인에서는 초콜릿과 바닐라의 향이 피어난다.

가격

저렴한		비싼		초고가
1	2	**3**	**4**	5

가족

시라

중요 품종

프로세코로 전 세계를 매혹하다

글레라

Glera

희귀 등급

B

기원과 역사

출신지는 명확하지 않다. 다만 오래전부터 이탈리아 북동부에서 재배되어 왔다는 기록만은 남아 있다.
오늘날 세계적으로 대히트한 스파클링 와인 'Prosecco(프로세코)'의 주원료가 바로 글레라다. 그 폭발적인 인기로 인해, 현재는 이탈리아 청포도 품종 가운데 재배 면적 1위를 차지하고 있다(2020년 기준).

특징

현지에서도 큰 인기를 누리는 프로세코. 건배할 때는 "프로세키아노!"라는 구호와 함께 잔을 들어 올린다. 스파클링 와인으로서 샴페인과 자주 비교되지만, 샴페인 특유의 구운 빵 향은 없고, 대신 푸른 사과 향이 또렷하게 드러나는 아로마틱한 와인이다. 가격대도 부담이 적어, 일상 속에서 가볍게 즐기기 좋은 한 잔으로 사랑받고 있다.

재배 적지

서늘 | 온화 | 따뜻

맛

산도

당도

한마디 메모

갓 베어 문 푸른 사과처럼 신선하고 과일향 가득한 맛.

향

대표 향

청사과

레몬꽃

기타 백도 복숭아

마시는 시기

▶ 바로 마시기 좋은

장기 숙성

단일 품종 or 블렌딩

▶ 단일 품종

블렌딩

양조 · 숙성

샴페인과 달리, 프로세코는 보다 단순하고 짧은 양조법으로 빚어진다. 이는 샴페인 방식으로 만들 경우, 구운 빵 향이 포도의 본래 화사한 향과 충돌하기 때문이다.

가격

저렴한 | 비싼 | 초고가

1 | 2 | 3 | 4 | 5

가족

없음

이탈리아의 리슬링

중요 품종

베르디키오

Verdicchio

이탈리아 : 트레비아노 디 소아베 *Trebbiano di Soave*

희귀 등급

A

기원과 역사

아직 기원은 명확하지 않지만, 역사가 긴 품종이다. 14~15세기 페스트 유행 당시, 베네토주에서 마르케주로 농민들이 이주하면서 이 품종 또한 전해진 것으로 알려져 있다. 그 시절은 수원이 오염되어 있었기 때문에, 베르디키오로 빚은 와인이 물보다도 안전한 음료로서 인기를 끌었다.

특징

중부 이탈리아, 특히 마르케주를 대표하는 고급 품종. 'Verde(녹색)'라는 단어에서 유래한 품종명처럼, 외관은 은은한 초록빛을 띤다. 와인으로 빚으면 감귤류, 흰 꽃, 아몬드 향이 특징적이다. 높은 산도를 지녀 장기 숙성이 가능하다는 점에서, 흔히 '이탈리아의 리슬링'이라 불리기도 한다.

재배 적지

서늘 — 온화 — 따뜻

맛

산도

당도

한마디 메모

힘차고, 저절로 침이 고일 만큼 풍부한 산도. 상쾌하고 청량한 맛이 특징이다.

향

대표 향

자몽

오렌지꽃

기타 아몬드

마시는 시기

바로 마시기 좋은

▶ 장기 숙성

단일 품종 or 블렌딩

▶ 단일 품종

블렌딩

양조 · 숙성

일반적으로는 스테인리스 탱크 숙성을 거치지만, 때로는 오크 숙성으로 복합미를 더하기도 한다.

가격

저렴한 — 비싼 — 초고가

1 | **2** | 3 | 4 | 5

가족

없음

중요 품종

마치 가면무도회!?
다채로운 스타일이 매력

가르가네가

Garganega

희귀 등급 B

이탈리아 시칠리아주 : 그레카니코 도라토 *Grecanico Dorato*

기원과 역사

아직 기원은 명확하지 않지만, 이탈리아에서 가장 오래된 품종 가운데 하나로 꼽힌다. 본고장은 이탈리아 북동부 베네토 주로, 특히 'Soave(소아베)' 와인의 주요 원료로 널리 알려져 있다.

수확량이 많은 품종이기에, 양이 질보다 중시되던 1960년대까지는 크게 환영받으며 가치있게 활용되었다.

특징

송이가 듬성듬성 달려 건포도 스타일의 달콤한 와인을 빚기에 적합하다. 평지에서 다량으로 수확하면 가볍고 평범한, 값싼 와인이 된다. 하지만 비탈진 포도밭에서 수확량을 줄여 기르면, 레몬커드와 아몬드가 어우러진 풍부한 향미를 지닌 응축감 있는 프리미엄 와인이 탄생한다. 최근에는 품질을 중시하는 경향이 강해지면서, 후자의 스타일이 점차 주류로 자리 잡고 있다.

재배 적지

서늘 | 온화 | 따뜻

맛

산도

당도

한마디 메모

가벼운 스타일부터 응축된 힘 있는 스타일까지 폭넓게 빚어진다. 드라이뿐 아니라 스위트 와인으로도 만들어질 수 있다.

향

대표 향

청사과

인동덩굴꽃

기타

자몽
【저수확 시】 레몬커드, 아몬드

마시는 시기

- 바로 마시기 좋은
- 장기 숙성

단일 품종 or 블렌딩

- 단일 품종
- 블렌딩

양조 · 숙성

수확한 포도를 건조시켜 극도로 달콤한 과즙을 얻어 스위트 와인을 만들기도 하는데, 이 경우 라벨에는 'Recioto(레치오토)'라고 표기된다.

가격

저렴한 | 비싼 | 초고가

1 | 2 | 3 | 4 | 5

가족

없음

기르기 쉬워 농부도 미소 짓는 포도

바르베라

Barbera

희귀 등급

A

기원과 역사

이탈리아 북서부를 중심으로 재배된다. 네비올로(P112)보다 수확 시기가 빨라 다루기 쉬울 뿐 아니라, 생산량도 많아 오랫동안 '서민의 벗'으로서 식탁을 지켜왔다.
그러나 1980년대 들어 대량생산 일변도에서 품질 중심의 양조로 전환하는 생산자들이 나타나면서, 바르베라는 점차 고급 품종의 이미지를 얻어가고 있다.

특징

이탈리아어에서 여성형 명사로 불리는 'La Barbera(라 바르베라)'. 근육질에 단단한 맛을 지닌 네비올로와는 정반대로, 바르베라는 과실미가 풍부하고 부드러운 맛이 특징이다. 어디선가 프랑스의 메를로(P66)를 연상시키는 친근한 풍미도 느껴진다. 장기 숙성력에서는 네비올로에 못 미치지만, 오히려 그만큼 부드럽고 누구에게나 다가가기 쉬운 품종으로 사랑받고 있다.

재배 적지

서늘 | 온화 | 따뜻

맛

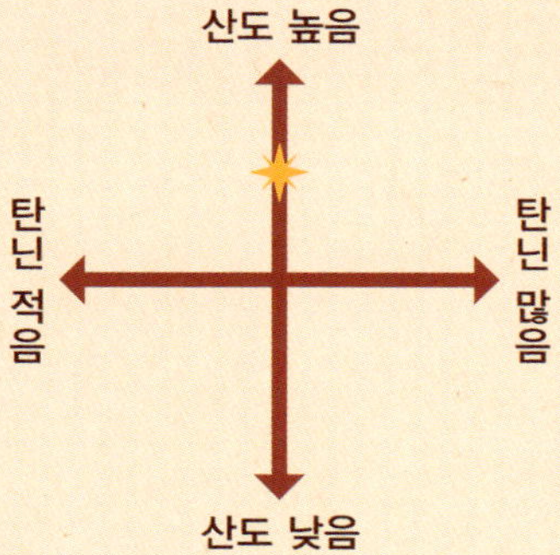

한마디 메모

높은 산도와 중간 수준의 탄닌, 그리고 부드러운 맛이 특징이다.

향

대표 향

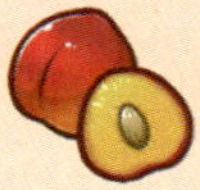

레드플럼

제비꽃

기타 레드체리, 블랙페퍼
【오크 숙성】 바닐라

마시는 시기

▶ 바로 마시기 좋은

장기 숙성

단일 품종 or 블렌딩

▶ 단일 품종

▶ 블렌딩

양조 · 숙성

데일리 와인으로는 오크 숙성을 거치지 않아, 과일 향이 살아 있고 바로 마시기 좋은 스타일로 만들어진다. 프리미엄 스타일에서는 새 오크통 숙성을 통해 바닐라 향이 더해진다.

가격

저렴한 | 비싼 | 초고가

1 | **2** | **3** | 4 | 5

가족

없음

매일 마시고 싶은

돌체토

Dolcetto

희귀 등급
A

이탈리아 리구리아주 : 오르메아스코 *Ormeasco*

기원과 역사

이탈리아 북서부를 중심으로 재배되는 품종이다. 매우 달아서 과거에는 농가에서 식용 포도로 즐겨 먹었으며, 이로 인해 'piccolo dolce(작고 달콤한 것)'라 불리던 이름이 점차 품종명으로 자리잡았다.

네비올로(P112)나 바르베라(P124)보다 일찍 수확할 수 있고 척박한 조건에서도 잘 자라기 때문에, 한때는 생산자의 생활을 지탱하는 든든한 품종으로 여겨졌다.

특징

"매일 마신다면 돌체토, 주말엔 바르베라, 기념일엔 바롤로."는 이탈리아 와인 애호가들 사이에서 전해 내려오는 말이다. 돌체토는 북서부 와인 가운데서도 지갑에 부담 없고, 편안하게 즐길 수 있는 와인으로 오랫동안 사랑받아 왔다.

재배 적지

서늘 | 온화 | 따뜻 (화살표 범위: 온화)

맛

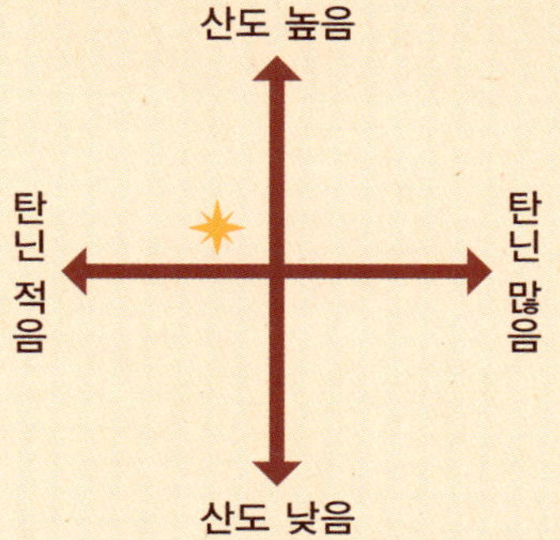

한마디 메모

가볍고 경쾌한 입맛에, 부드럽고 둥글게 감도는 맛이 특징이다.

향

대표 향

라즈베리

레드체리

기타 라벤더, 리코리스(감초)

마시는 시기

▶ 바로 마시기 좋은

장기 숙성

단일 품종 or 블렌딩

▶ 단일 품종

블렌딩

양조 · 숙성

바로 마시기 좋은 와인을 목표로 하기에, 스테인리스 탱크에서 숙성한다.

가격

저렴한 | 비싼 | 초고가

1	2	3	4	5

(1–2 표시)

가족

없음

톡톡 튀는 와인
'아스티'의 대명사

모스카토

Moscato

※프랑스 P78

프랑스 : 뮈스카 *Muscat*

희귀 등급
B

역사

이탈리아 북서부 피에몬테주에서 생산되는 세미 스위트 스파클링 와인 'Asti(아스티)'의 원료가 바로 모스카토다. 아스티는 1970~80년대에 들어 합리적인 가격과 기분 좋은 스위트 스타일이 시대의 흐름과 맞아떨어지며 단숨에 세계적인 인기를 얻었다.

프랑스 와인과 비교

머스캣 특유의 화려한 향이 돋보인다. 아스티는 알코올 도수가 낮아(약 7~8%) 매우 가벼운 라이트 바디로, 세미 스위트 스파클링 와인으로 양조된다. 부드럽게 목을 타고 내려가 배 속에 가볍게 스며드는 듯한 맛이 특징이다.

가격	저렴한		비싼		초고가
	1	**2**	3	4	5

산지 : 이탈리아

피노 그리와는 다른 스타일

피노 그리지오

Pinot Grigio

※프랑스 P74

프랑스 : 피노 그리 *Pinot Gris*

희귀 등급
B

역사

2000년대 후반, 피노 그리지오는 북미에서 메가 히트 품종으로 떠올랐다. 뉴트럴한 향이 음식의 풍미를 방해하지 않는다는 점이 전 세계적으로 인기를 얻은 비결. 미국에서 “좋아하는 품종을 세 가지 꼽아보라”는 질문을 던지면, 언제나 상위 3위 안에 이름을 올린다.

프랑스 와인과 비교

이탈리아에서는 포도를 이른 시기에 수확, 아직 산미가 살아 있는 상태에서 양조한다. 그 결과, 레몬과 자몽 같은 시트러스 향이 맑게 피어오르는 산뜻한 라이트 바디 와인이 완성된다. 부담 없이 쭉쭉 마실 수 있는 스타일로 사랑받고 있다.

가격	저렴한		비싼		초고가
	1	2	3	4	5

그늘(건조)에서 진가를 발휘하는 품종

코르비나

Corvina

희귀 등급

A

기원과 역사

코르비나의 본고장은 이탈리아 북동부, 특히 베네토주다. 품종명은 포도송이의 모양이 'corvo(까마귀)'의 깃털을 닮은 데서 유래했다.
언제부터 재배되었는지에 대한 기록은 남아 있지 않지만, 수확한 포도를 건조시켜 드라이 스타일로 양조하는 방식은 비교적 최근의 일. 20세기에 들어서야 본격적으로 시도되기 시작했다.

특징

코르비나는 두꺼운 껍질 덕분에 천천히 건조시킬 수 있어, 전통적인 그늘 건조 방식에 적합하다. 얇은 껍질의 감귤이 금세 쭈글쭈글해지는 것과 달리, 두꺼운 껍질의 과일은 수분이 쉽게 빠져나가지 않는 원리와 같다. 이러한 방식으로 빚어지는 대표적인 드라이 와인이 세계적으로 유명한 'Amarone della Valpolicella(아마로네 델라 발폴리첼라)'다.

산지 : 이탈리아

재배 적지

서늘 — 온화 — 따뜻 (온화 ~ 따뜻)

맛

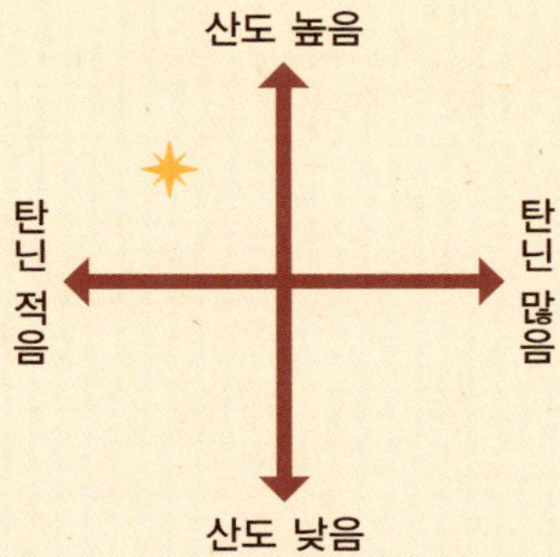

한마디 메모

포도를 그늘에서 천천히 건조시키면, 와인은 알코올 도수가 높아지고 맛은 한층 응축된다.

향

대표 향

레드체리

로즈마리

기타

제비꽃

【그늘 건조】 블랙베리, 건포도

마시는 시기

- ▶ 바로 마시기 좋은
- ▶ 장기 숙성

단일 품종 or 블렌딩

단일 품종

▶ 블렌딩

양조 · 숙성

수확한 포도를 대나무 발에 가지런히 올려 건조시키면, 과즙 속 수분이 서서히 증발하면서 당분·풍미·탄닌이 농축된다. 그 결과 탄생하는 와인은, 힘 있고 깊이 있는 인상을 남긴다.

가격

저렴한 — 비싼 — 초고가

1 | 2 | 3 | 4 | 5 (1~4)

가족

없음

오렌지 와인으로 시민권을 얻다

리볼라 지알라

Ribolla Gialla

희귀 등급
A

기원과 역사

프리울리 베네치아 줄리아주에 오랜 뿌리를 두고 살아온 토착 품종이다. 이미 13세기에는 귀족들에게 인기를 끌었으며, 당시의 와인은 지금처럼 맑은 황금빛이 아니라 오렌지빛을 띠고 있었다. 그러나 19세기, 국제 품종 열풍이 일면서 점차 자취를 감추게 된다. 다시 주목받기 시작한 것은 20세기 후반. 그 배경에는 바로 오렌지 와인의 원료로서의 수요 증가가 있었다.

특징

이름은, 그 껍질이 '노란빛(Giallo)'을 띠는 것에서 유래했다. 이 덕분에 껍질째 발효하는 오렌지 와인에 특히 잘 어울린다. 또한 다른 청포도 품종과 달리 껍질에 탄닌 성분이 많이 함유되어 있어, 와인으로 빚으면 특유의 쌉싸래한 뉘앙스가 드러난다.

산지 : 이탈리아

재배 적지

서늘 — 온화 — 따뜻

(범위: 서늘과 온화 사이 ~ 온화와 따뜻 사이)

맛

산도

■■■■■ (5/5)

당도

■□□□□ (1/5)

한마디 메모

화이트 와인이 되면 높은 산도와 가벼운 바디가 특징. 오렌지 와인이 되면 탄닌이 더해져, 입안을 조여주는 듯한 맛이 난다.

향

대표 향

미모사

기타

【화이트 와인】 감귤, 화이트페퍼

【오렌지 와인】 만다린

마시는 시기

▶ 바로 마시기 좋은

▶ 장기 숙성

단일 품종 or 블렌딩

▶ 단일 품종

블렌딩

양조 · 숙성

참고로, 오렌지 와인이란 단순히 오렌지색을 띠는 와인을 말한다. 청포도를 원료로 하되, 레드 와인처럼 껍질째 발효와 침용 과정을 거치기 때문에 특유의 오렌지빛을 띠게 되는 것이다.

가격

저렴한		비싼		초고가
1	**2**	**3**	**4**	5

가족

없음

지중해가 사랑하는 화이트 품종

베르멘티노

Vermentino

희귀 등급
A

이탈리아 리구리아주 : 피가토 *Pigato*
프랑스 : 롤 *Rolle*

기원과 역사

베르멘티노의 정확한 기원은 알려져 있지 않다. 그러나 이탈리아 북서부와 사르데냐섬, 남프랑스와 코르시카섬 일부에서 오랫동안 재배되어 온 토착 품종이다.

건조한 환경에 강한 특성 덕분에 주로 지중해 연안에서 널리 재배되었으며, 최근에는 가뭄이 심각해진 호주에서도 각광받으며 재배 면적을 넓혀가고 있다.

특징

베르멘티노는 포도 속 산도가 충분히 살아 있을 이른 시기에 수확된다. 덕분에 대부분의 와인은 상쾌하고 경쾌한 스타일로 완성된다.

특히 건조한 지중해 지역에서는 이런 시원하고 깔끔한 와인이 환영받기 마련이어서, 이 품종이 꾸준히 사랑받는 것도 자연스러운 일이다.

재배 적지

서늘 — 온화 — 따뜻 (온화 ~ 따뜻)

맛

산도

■■■■■ (4/5)

당도

■■■■■ (1/5)

한마디 메모

풍부한 산미와 경쾌한 맛이 특징이다. 포도가 바닷가 인근에서 재배된 경우, 은근한 염미가 느껴지기도 한다.

향

대표 향

자몽

타임

기타 아카시아, 바닷바람

마시는 시기

▶ 바로 마시기 좋은

▶ 장기 숙성

단일 품종 or 블렌딩

▶ 단일 품종

블렌딩

양조 · 숙성

숙성은 스테인리스 탱크에서 진행한다.

가격

저렴한 — 비싼 — 초고가

1 2 | 3 4 5 (1~2)

가족

없음

허기진 양치기의 간식이 된 흰 포도

페코리노

Pecorino

희귀 등급

S

기원과 역사

이탈리아 중부 마르케와 아브루초 지방이 본고장이다.
수확량이 적고 재배 환경을 까다롭게 가려, 생산량을 중시하던 이탈리아에서는 점차 외면받으며 1980년대에는 재배 면적이 0헥타르까지 줄어들었다. 그러나 최근 들어 페코리노의 가치가 재발견되면서, 재배 면적이 급격히 늘어나고 있다.

특징

품종명은 이탈리아어 'pecora(양)'에서 유래했다고 한다. 양을 돌보던 양치기들이 포도를 따먹던 데서 비롯된 이름이라는 설이 대표적이지만, 다른 설도 존재한다.
와인으로 빚으면 서양배와 멜론, 세이지가 어우러진 향이 특징적이다. 수확량을 줄이거나 포도밭을 정성스럽게 관리하면, 풍미가 한층 응축된 와인이 된다.

재배 적지

서늘 — 온화 — 따뜻 (적지: 온화)

맛

산도: 5/5

당도: 1/5

한마디 메모

신선한 산미. 여운에는 감귤 껍질 같은 쌉쌀한 뉘앙스가 남는다.

향

대표 향

서양배

아카시아

기타 멜론, 세이지

마시는 시기

▶ 바로 마시기 좋은

▶ 장기 숙성

단일 품종 or 블렌딩

▶ 단일 품종

블렌딩

양조 · 숙성

숙성은 스테인리스 탱크에서 진행한다.

가격

저렴한 — 비싼 — 초고가

1	2	3	4	5
	●			

가족

없음

양으로 승부하는 중남부의 인기 스타

몬테풀치아노

Montepulciano

희귀 등급

C

기원과 역사

이탈리아 중부 아브루초주가 본고장으로, 산지오베제(P114)와 함께 이탈리아 중남부를 대표하는 유명 품종이다.

특히 '생산량' 면에서는 여왕격이라 할 수 있다. 이탈리아 재배 면적 순위에서도 늘 상위권에 이름을 올린다. 한때는 병입되기 전 상태의 '벌크 와인'으로 대량 거래되곤 했다.

특징

졸여낸 듯 진한 검은 과실 향이 잘 드러나며, 대체로 묵직하고 힘 있는 맛을 낸다. 무게감 있는 와인을 찾는 이들에게 제격인 품종이다.

빛깔이 짙고 탄닌도 풍부해, 다른 품종의 보조 역할로도 즐겨 블렌딩된다.

재배 적지

서늘 — 온화 — 따뜻 (적지: 따뜻)

맛

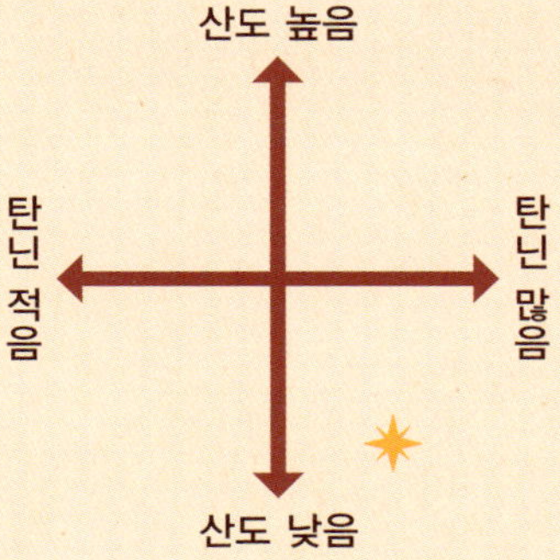

한마디 메모

풀 바디에 리치한 맛을 지녔으며, 탄닌에는 다소 거친 뉘앙스가 있다.

향

대표 향

블랙체리

블랙플럼

기타

블랙페퍼
【오크 숙성】 커피

마시는 시기

- 바로 마시기 좋은
- 장기 숙성

단일 품종 or 블렌딩

- 단일 품종
- 블렌딩

양조 · 숙성

일상적으로 가볍게 즐기는 저가형 와인은 스테인리스 탱크에서 숙성되고, 장기 숙성을 목표로 한 프리미엄 와인은 오크 숙성을 거쳐 커피 향 등이 더해진다.

가격

저렴한 — 비싼 — 초고가

1 2 3 4 5 (해당: 1~2)

가족

없음

세계가 주목! 멸종 위기에서 부활한 품종

피아노

Fiano

희귀 등급

A

기원과 역사

이탈리아 남부, 특히 캄파니아주에서 고대부터 재배되어 온 품종. 껍질이 두껍고 익는 데 시간이 오래 걸려 재배가 까다로웠기에, 오랫동안 재배 면적이 줄어들며 한때는 멸종 위기에 처하기도 했다. 그러나 1970년대, 생산자 마스트로베라르디노의 손에 의해 기적처럼 부활하며 가까스로 종말의 위기에서 벗어났다.

특징

로마인들은 피아노로 빚은 와인을 'Apianis(라틴어: 꿀벌이 사랑한 와인)'라 불렀다. 이름 그대로 피아노는 꿀벌을 끌어당길 만큼 달콤하고 향기로운 품종이다. 와인으로는 파인애플, 멜론, 백도 복숭아의 아로마가 두드러지며, 병 안에서 숙성될수록 꿀향이 깊어지고 오일리한 질감을 띠게 된다.

산지 : 이탈리아

재배 적지

서늘 — 온화 — **따뜻**

맛

산도

■■**■**■■ (3/5)

당도

■■■■■ (1/5)

한마디 메모

중간 정도의 산도를 지니며, 미디엄에서 풀 바디까지 이어지는 탄탄한 맛이 특징이다.

향

대표 향

파인애플

【병 숙성】 꿀

기타 멜론, 백도 복숭아

마시는 시기

바로 마시기 좋은

▶ **장기 숙성**

단일 품종 or 블렌딩

▶ **단일 품종**

블렌딩

양조 · 숙성

숙성 방식은 오크와 스테인리스 탱크, 두 가지 스타일 모두 존재하며, 병 숙성을 거친 와인에서는 꿀 향이 피어오른다.

가격

저렴한 — 비싼 — 초고가

1 | **2** | **3** | 4 | 5

가족

없음

'에트나'라는 마지막 낙원에서 일어난 대유행

네렐로 마스칼레제

Nerello Mascarese

희귀 등급

A

기원과 역사

기원전부터 시칠리아섬 에트나 화산 인근의 마스칼리 평원에서 재배되었으며, 품종명도 여기에서 유래했다.

역사는 길지만 주목받기 시작한 것은 비교적 최근의 일이다. 시칠리아는 이탈리아 남부에 위치하지만, 에트나 화산 해발 1000m 부근은 기후가 서늘하다. 이곳에서 생산된 네렐로 마스칼레제의 와인이 경쾌하고 우아한 맛을 띠면서, 관심을 모으게 되었다.

특징

현재 에트나 화산은 '마지막 낙원'으로 불리며, 유명한 생산자들이 앞다투어 네렐로 마스칼레제의 포도밭을 사들이고 있다. 이제는 이탈리아에서 가장 트렌디한 품종이라 해도 과언이 아니다.

다만 늦게 익는 특성 탓에, 가을에 기온이 급격히 떨어지는 에트나산 부근에서는 재배가 까다롭다. 그 결과 해마다 품질의 편차가 크다.

재배 적지

서늘 | 온화 | 따뜻

맛

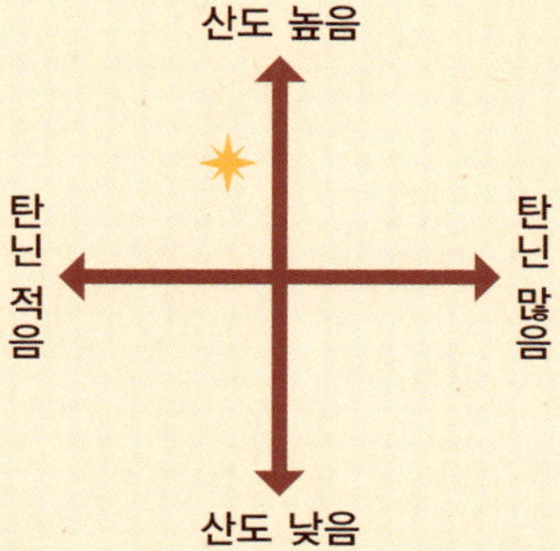

한마디 메모

입안을 단단히 조여 오는 듯한 탄닌감. 그 맛은 종종 피노 누아(P54) 와 네비올로(P112)의 중간쯤에 비유되기도 한다.

향

대표 향

레드체리

담배

기타 오레가노

마시는 시기

바로 마시기 좋은

▶ 장기 숙성

단일 품종 or 블렌딩

단일 품종

▶ 블렌딩

양조 · 숙성

섬세한 향을 지니고 있어 새 오크통의 사용 비율은 낮으며, 전통적으로는 현지산 밤나무로 만든 통을 사용한다. 이 통은 오크통보다 더 느리게 숙성되어 독특한 개성을 더한다.

가격

저렴한 | 비싼 | 초고가

1 | 2 | 3 | 4 | 5

가족

산지오베제

Column

라벨 읽는 법 이탈리아 편

먼저 결정적인 문구를 찾아보자

프랑스 와인과 함께 자주 보게 되는 것이 바로 이탈리아 와인입니다. 프랑스와 마찬가지로, 전문점이나 백화점에서 판매되는 이탈리아 와인은 **기본적으로 토지의 이름이 와인의 이름**이 됩니다. 예를 들어 'Barolo(바롤로)'나 'Barbaresco(바르바레스코)'라는 이름의 와인, 두 가지는 모두 이탈리아 북서부에 실제로 존재하는 지역 이름입니다.

프랑스 와인의 'Appellation ○○ Contrôlée'에 해당하는 문구는 이탈리아어로 **'Denominazione di Origine Controllata e Garantita'**이며, 고급 와인의 라벨에 표기됩니다. 다만 프랑스와 달리, 이탈리아에서는 이 문구 사이에 토지의 이름을 끼워 넣지 않습니다. 대부분 이 문구 근처에 해당 토지의 이름(= 와인명)이 따로 적혀 있습니다.

대표적인 이탈리아의 라벨

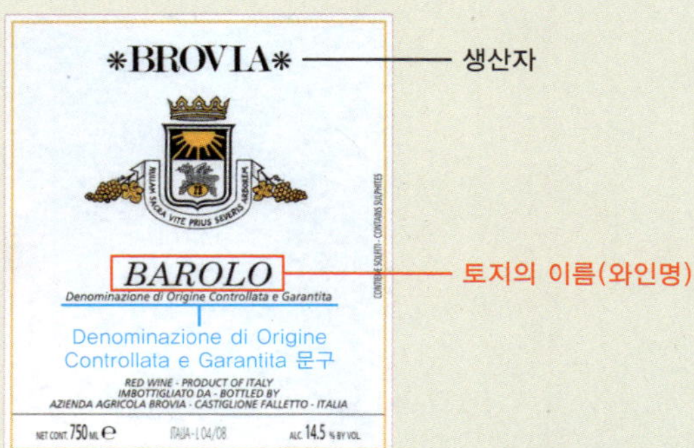

와인 스타일을 알 수 있는 라벨 용어

와인명에 다음과 같은 단어가 추가되어 있는 경우가 있습니다. **일반적으로 와인명이 길수록, 더 좋은 산지에서 정성껏 만들었다는 것을 의미합니다.**

예를 들어 'Chianti(키안티)'보다 'Chianti Classico(키안티 클라시코)'라고 표기된 와인이 더 프리미엄입니다. 가게에서 와인을 고를 때, 이러한 단어들의 의미를 알고 있으면 아주 유용합니다.

Superiore 수페리오레	표기되지 않은 와인보다 알코올 도수가 약간 높음을 나타냅니다.
Riserva 리제르바	출하 전 장기간 숙성되었음을 의미합니다. 병을 여는 순간부터 숙성된 향과 맛을 느낄 수 있습니다.
Classico 클라시코	역사적으로 품질이 뛰어난 구역에서 수확된 포도로 만든 와인입니다. 대체로 응축감이 있고 깊은 맛을 가집니다.

프랑스와 마찬가지로, 이탈리아에도 예외 규칙이 있습니다.

예외 ①

와인명이 '품종 di(della) 토지'의 형태로 되어 있습니다. 이때 di / della는 영어의 of에 해당합니다. 예를 들어 'Barbera d'Asti'는 'Asti 지역에서 재배한 Barbera 품종으로 만든 와인'이라는 뜻입니다.

예외 ②

와인명이 '스타일 di(della) 토지'의 형태인 경우입니다. 예를 들어 'Amarone della Valpolicella'와 'Recioto di Valpolicella'가 있습니다. 여기서 'Valpolicella'는 토지의 이름, 'Amarone'은 건포도를 사용한 드라이 스타일, 'Recioto'는 건포도를 사용한 스위트 스타일을 의미합니다.

와인
캐릭터
제작 비하인드

Part 3

집에서 와인을 즐겨보자

어떤 잔에 마실까?

와인을 더욱 맛있게 해주는 잔

와인은 자유로운 술입니다. 문화와 습관에 따라 잔의 형태도 다양하지요. 예를 들어 이탈리아의 어떤 주에서는 하얀 찻잔으로, 일본 야마나시현에서는 작은 찻잔으로 마시기도 합니다.

하지만 "그래도 제대로 된 와인잔으로 마시고 싶다!"고 생각하는 분들도 있을 겁니다. 그럴 때 기억해 두면 좋은 와인잔의 3가지 조건이 있습니다.

① 투명한 잔

무늬가 새겨진 컷팅글라스도 아름답지만, 우선은 투명한 잔을 추천합니다. 이유는 단순합니다. **와인의 색을 가장 잘 감상할 수 있기 때문**입니다. 와인의 아름다운 색을 즐기기 위해서는 맑은 잔이 필수입니다.

② 입구가 오므라든 형태

입구가 살짝 오므라져 있으면 향이 모이기 쉬워집니다. 이 공간을 '향기의 방'이라고 부릅니다.

③ 얇은 잔

가능한 한 잔 벽이 얇은 것이 좋습니다. 두꺼운 잔은 입술에 닿을 때 와인의 섬세한 개성을 느끼기 어렵습니다.

와인에 맞게 잔을 바꿔보자

와인에는 타입에 따라 추천되는 잔의 형태가 있습니다.

산도가 높고 상쾌한 라이트 바디 화이트 와인(리슬링 ⇒p46, 소비뇽 블랑 ⇒p48 등)**은 입구가 오므라진 작은 튤립형 잔**이 적합합니다. **향이 풍부한 풀 바디 화이트 와인**(샤르도네 ⇒p44 등)**은 벌룬형 잔**이 어울립니다.

탄닌이 많은 풀 바디 레드 와인(카베르네 소비뇽 ⇒p50, 시라 ⇒p52 등)**은 큰 튤립형 잔, 탄닌이 적은 라이트 바디 레드 와인**(피노 누아 ⇒p54 등)**은 큰 벌룬형 잔**이 이상적입니다.

스파클링 와인은 원래 거품을 감상하기 좋은 플루트형 잔이 일반적이었지만, 최근에는 향을 즐기기 위해 다이아몬드형 볼 잔으로 마시는 경우가 늘고 있습니다.

볼이 클수록 '향의 방'이 넓어져 향을 더욱 풍부하게 느낄 수 있습니다. 복합적인 향을 지닌 고급 와인일수록 큰 잔이 제격이지요. 무엇보다 볼이 큰 잔은 그 자체로 기분까지도 한층 고급스럽게 만들어줍니다.

▼ **와인잔의 특징**

어떤 온도로 마실까?

온도에 따라 달라지는 와인의 인상

편의점 도시락도 그냥 먹는 것과 데워서 먹는 것은 맛이 전혀 다르죠. 와인은 그보다 훨씬 더 온도에 따라 인상이 달라지는 음료입니다.

온도가 높을 때

일반적으로 온도가 높아지면 향이 더 풍부하게 느껴집니다. 금방 구운 햄버그스테이크는 향이 진하지만, 식으면 향이 줄어드는 것과 같은 원리입니다. 따라서 **과일, 꽃, 허브, 스파이스 등 복합적인 향을 가진 와인은 조금 높은 온도에서 마시는 것이 향을 즐기기에 좋습니다**.

또한 온도가 높으면 단맛이 더 강하게 느껴집니다. 아이스크림을 먹다 보면 마지막에 "좀 너무 달다"라고 느낀 적 있지 않나요? 그건 먹는 동안 온도가 올라가기 때문입니다. 그래서 **단맛이 강한 스위트 와인은 단맛이 느끼해지지 않도록 약 6℃ 전후로 차갑게 마시는 것이 좋습니다**.

6℃는 냉장고에서 꺼내자마자의 온도이거나, 얼음물에 30분 이상 담갔을 때의 온도입니다.

온도가 낮을 때

온도가 낮을수록 거품이 오래 유지됩니다. 콜라를 차게 마시는 이유도 바로 이 때문이죠. 따라서 **스파클링 와인은 약 6℃ 전후로 차갑게 마시는 것이 일반적**입니다.

또한 낮은 온도에서는 산도가 더 상큼하게 느껴집니다. 그래서 **산미가 생명인 화이트 와인은 8~12℃(얼음물에 15~30분 정도)로 식혀 마시는 것이 이상적**입니다.

반면, 온도가 낮으면 쓴맛과 떫은맛이 강하게 느껴집니다. 따뜻했던 홍차가 식으면 "좀 더 쓴데?" 하고 느껴지는 것처럼요. 그 때문에 **탄닌이 중요한 레드 와인은 16~18℃(얼음물에 5분 정도)로 약간 높은 온도에서 마시는 것이 좋습니다**.

흔히 "화이트 와인은 차게, 레드 와인은 실온에서"라고 말하는 이유도, 화이트는 산미, 레드는 떫은맛에 초점을 두기 때문입니다.

6℃ 전후	8~12℃	16~18℃
스위트 와인, 스파클링 와인	화이트 와인	레드 와인

One Point!

'실온'은 구체적으로 16~18℃를 의미합니다. 이는 파리의 실내 온도를 기준으로 한 값입니다. 파리는 위도가 높아 비교적 서늘하기 때문에, 이 온도는 생각보다 꽤 차갑게 느껴질 수 있습니다. 일본에서는, 자국의 실내 온도로 착각해 미지근한 온도의 레드 와인을 제공하는 레스토랑을 종종 볼 수 있습니다. 대한민국과 일본의 많은 분들이 떠올리시는 실내 온도보다 '조금 더 낮다'고 기억해두시면 좋습니다.

Explanation

와인을 보관하자

이상적인 보관 조건은?

와인의 매력 중 하나는 숙성입니다. 평소보다 조금 비싼 와인을 샀거나 선물로 받았을 때, "특별한 날을 위해 아껴두자"라고 생각하는 분도 있을 것입니다.

그렇다면 와인은 어떤 환경에서 보관하는 것이 좋을까요?

① 온도는 약 14℃ 전후

서늘한 곳에 보관하세요. 화이트, 레드, 로제, 스틸, 스파클링 등 종류에 따라 온도를 달리할 필요는 없습니다.

② 습도는 약 70%

어둡고 약간 눅눅하며, 버섯이 자랄 듯한 환경이 이상적입니다.

③ 조명은 백열등

와인은 자외선과 형광등 불빛을 싫어하므로, **필요할 때만 불을 켤 수 있는 공간**이 좋습니다.

그 외에도 ④진동이 없는 곳, ⑤냄새가 나는 물건과 함께 두지 않을 것, 이 두 가지 조건도 중요합니다.

와인 셀러가 없어도 괜찮다

"그런 조건이 다 맞는 곳이라면 와인 셀러밖에 없잖아!"라고 생각할 수도 있겠지요. 물론 와인 셀러는 이상적인 환경을 모두 갖추고 있지만, 가격이 비싸고 설치도 쉽지 않습니다.

하지만 집에서도 비슷한 환경을 찾을 수 있습니다. 예를 들어, 첫 번째는 **바닥 수납공간**, 두 번째는 **벽장**, 그리고 가장 간단한 방법은 **냉장고**입니다. 단, 냉장고는 이상적인 14℃보다 낮기 때문에 약간의 조정이 필요합니다.

가장 추천하는 방법은 **야채칸**을 사용하는 것입니다. 야채칸은 냉장실보다 온도가 조금 더 높습니다. 그래도 여전히 서늘하기 때문에, **와인을 신문지나 완충재로 여러 겹 감싸 보온을 유지하면 좋습니다**. 이때 **라벨을 위로 향하게 한 채 옆으로 눕혀 보관하세요**.

오래된 와인에는 리 ⇒p29 가 생길 수 있는데, 이렇게 눕혀두면 리가 라벨 반대쪽에 모입니다. 와인을 따를 때 라벨이 위로 가는 것이 예의이므로, 라벨 쪽에 리가 없으면 보기에도 깨끗하고, 잔에 리가 들어갈 위험도 줄어듭니다.

One Point!

와인병의 표준 용량은 750mℓ이지만, 그 외에도 다양한 크기가 있습니다. 예를 들어 187~200mℓ의 '피콜로', 375mℓ의 '하프 보틀', 1500mℓ의 '매그넘 보틀' 등이 있죠. 이 중 장기 숙성에 가장 적합한 것은 큰 병입니다. 코르크로 밀봉된 와인은 아주 미세하게 공기가 통과하기 때문에, 병이 작을수록 산소 접촉 비율이 높아져 숙성이 더 빨리 진행됩니다. 반대로 병이 클수록 숙성 속도가 완만해지지요. 그래서 자신이 태어난 해의 와인을 매그넘 보틀로 구입해 소중히 보관하는 것, 그것도 멋진 선택일지 모릅니다.

Explanation

그날 다 마시지 못했다면

와인의 '산화'에 주의하세요

와인은 병을 여는 순간부터 빠르게 '산화'가 진행됩니다. 산화란 와인이 산소와 접촉하면서 신선함을 잃고, 원래의 향이 사라지는 현상을 말합니다. 잘라둔 사과가 윤기를 잃고 갈색으로 변해 퍽퍽해지는 것과 같은 이치입니다.

하지만 한 번에 다 마시지 못할 때도 있죠. 그럴 땐 올바르게 보관해 두면 다음 날에도 맛있게 즐길 수 있습니다. 핵심 포인트는 두 가지입니다.

① 냉장 보관하기

무엇보다 중요한 것은 **마신 뒤 바로 마개나 코르크를 닫고 냉장고에 보관하는 것**입니다. 온도가 높을수록 산화가 빠르게 진행되기 때문입니다. 이때 장기 보관 때처럼 신문지나 완충재로 감쌀 필요는 없습니다 ⇒p153.

스파클링 와인도 전용 마개를 씌우면 냉장 보관이 가능합니다. 생각보다 가스 압력이 강해서, 다음 날에도 거품이 사라지지 않는 경우가 많으므로 굳이 서둘러 다 마실 필요는 없습니다.

② 공기와 닿지 않게 하기

다음으로 중요한 건 공기와의 접촉을 최소화하는 것입니다.

와인 바에서 자주 보이는 **'코라방'**이나 **'안티옥스'**는 산화를 막기 위한 도구입니다. '코라방'은 본체 가격이 3만~10만 엔 정도로 비싸고, 전용 가스를 별도로 구매해야 하는 단점이 있지만, '안티옥스'는 한 번 구입하면 여러 번 사용할 수 있어 집에서 와인을 자주 즐기는 분에게 추천할 만합니다.

보다 간단한 방법으로는 **작은 병에 옮겨 담는 것**이 있습니다. "오늘은 다 못 마시겠다" 싶을 때는 처음부터 하프 보틀이나 피콜로 사이즈의 병 ⇒p153에 옮겨 담아 두세요. 이때의 포인트는 병목 바로 아래까지 꽉 채워 마개를 닫는 것. 이렇게 하면 공기와의 접촉이 거의 없어 와인이 산화되는 것을 막을 수 있습니다.

One Point!

와인마다 보관 가능한 기간은 다르지만, 한 번 개봉한 와인은 화이트 와인 2~3일, 레드 와인 3~4일 정도가 기준입니다. 레드 와인은 탄닌이 강할수록 더 오래 보관할 수 있으며, 스위트 와인의 경우에는 1주일 이상 두어도 괜찮습니다.

WineFile003.

기타 유럽

을 대표하는 포도 품종

독일

청 뮐러 투르가우 ⇒p178

청 실바너 ⇒p180

청 리슬링 ⇒p182

오스트리아

청 그뤼너 벨트리너 ⇒p174

헝가리

청 푸르민트 ⇒p176

포르투갈

적 토우리가 나시오날 ⇒p168

스페인

적 템프라니요 ⇒p158

적 까리네냐 ⇒p160

적 가르나차 ⇒p161

적 모나스트렐 ⇒p162

청 알바리뇨 ⇒p164

청 팔로미노 ⇒p166

그리스

적 크시노마브로 ⇒p170

청 사바티아노 ⇒p172

※여러 지역에서 재배되는 품종도 있지만, 이 책에서는 특히 유명한 산지를 중심으로 소개했습니다.

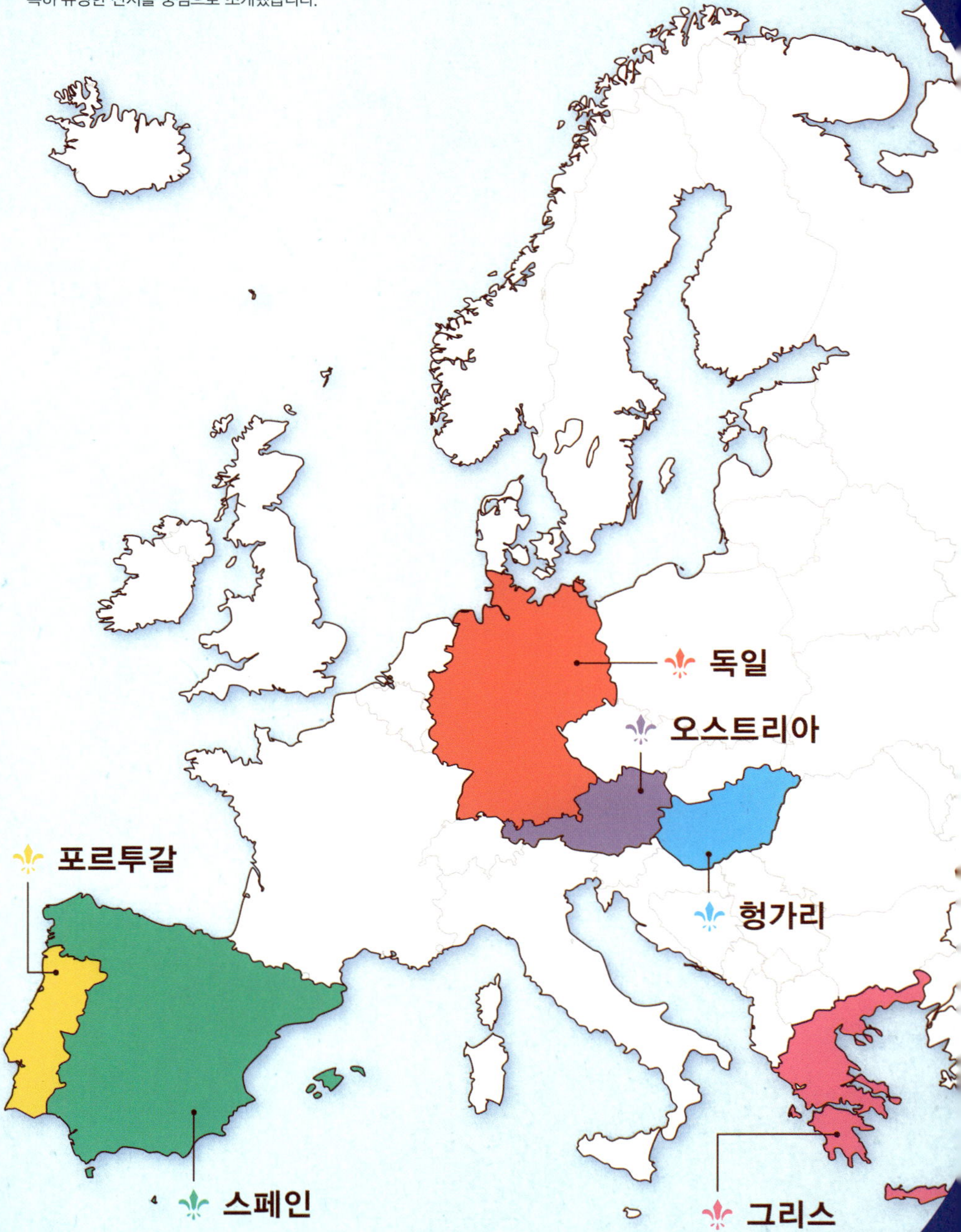

이베리아 반도의 슈퍼 히로인

템프라니요

Tempranillo

희귀 등급 **A**

스페인 리베라 델 두에로 : 틴토 피노 *Tinto Fino*

포르투갈 : 아라고네스 *Aragonez*

기원과 역사

템프라니요의 본고장은 이베리아 반도다. 같은 지역에서 널리 재배되는 그르나슈(P88)보다 일찍 수확할 수 있어, 이름도 스페인어 'temprano(빠른)' 에서 비롯되었다. 스페인 북동부 리오하에서는 19세기 후반에, 마드리드 북부의 리베라 델 두에로에서는 1980년 이후 눈부신 품질 향상을 이루며 명성을 확립했다.

특징

템프라니요는 이베리아 반도 전역에서 압도적인 인기를 누리며 널리 재배되고 있다. 다만 품질의 스펙트럼이 넓어, 단순하고 과실미가 돋보이는 바로 마시기 좋은 타입부터, 장기 숙성으로 복합미를 갖춘 프리미엄 타입까지 다양하다. 특히 고지대에서 그 진가를 발휘한다.

재배 적지

서늘	온화	따뜻
	◀····▶ (온화 ~ 따뜻 경계)	

맛

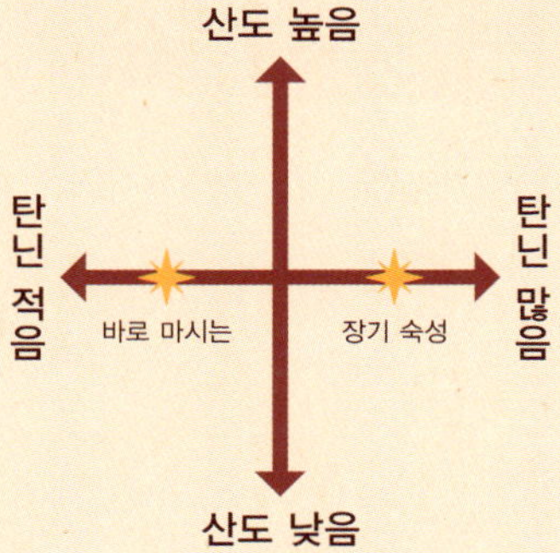

한마디 메모

중간 정도의 산도를 지니며, 장기 숙성형은 탄닌이 풍부하지만 바로 마시기 좋은 타입은 탄닌이 적다.

향

대표 향

【바로 마시는】 딸기

【장기 숙성】 블랙베리

기타

【오크 숙성】 코코넛

【숙성 기간이 길수록】 담배

마시는 시기

- 바로 마시기 좋은
- 장기 숙성

단일 품종 or 블렌딩

- 단일 품종 (리베라 델 두에로)
- 블렌딩 (리오하)

양조 · 숙성

가격이 비싼 리오하 와인은 아메리칸 오크에서 숙성되어 뚜렷한 코코넛 향을 띠며, 숙성 기간이 길수록 담배 향까지 더해진다.

가격

저렴한		비싼		초고가
1	2	3	4	5

(1~4 해당)

가족

없음

내 고향은 까리네냐~옹

까리네냐

Cariñena

※프랑스 P92

희귀 등급

A

프랑스 : 까리냥 *Carignan*

스페인 리오하 : 마주엘로 *Mazuelo*

역사

이름 그대로 스페인 북동부의 까리네냐 마을이 고향이다. 스페인에서도 특히 오래된 까리네냐 포도나무로 큰 성공을 거둔 곳이 있는데, 바로 바르셀로나에서 차로 두 시간 거리에 위치한 프리오라토지역이다. 1980년대 민주화가 찾아오기 전까지는 무명에 가까웠지만, 그 이후 신진 양조가들의 손에 의해 단숨에 품질이 끌어올려졌다.

프랑스 와인과 비교

프리오라토의 까리네냐는 오래된 나무에서 나오기 때문에 높은 품질을 자랑한다. 이 포도로 빚은 와인은 향이 깊고, 응축된 풍미가 살아 있다.

가격	저렴한		비싼		초고가
	1	2	3	**4**	**5**

이제는 값싼 포도라 부를 수 없다

가르나차

Garnacha

※프랑스 P88

희귀 등급
A

프랑스 : 그르나슈 *Grenache*

이탈리아 사르데냐 : 칸노나우 *Cannonau*

역사

가르나차의 출신지는 스페인 북부인지, 아니면 이탈리아 사르데냐 섬인지는 아직 명확히 밝혀지지 않았다. 스페인에서 가장 고급스러운 가르나차를 생산하는 곳은 단연 프리오라토다. 1980년대 이전까지만 해도 스페인에서는 가르나차가 값싼 포도로 여겨졌지만, 프리오라토의 진취적인 젊은 생산자들에 의해 대성공을 거두며 그 가치는 재평가되었다.

프랑스 와인과 비교

스페인은 기후가 더 따뜻하기 때문에, 가르나차는 색이 짙고 검은 과실향이 뚜렷하며 알코올도 강한 풀 바디 와인으로 완성된다.

가격

저렴한		비싼		초고가
1	2	3	**4**	**5**

주연도 조연도 소화하는 명품 플레이어

모나스트렐

Monastrell

희귀 등급

S

프랑스 : 무르베드르 *Mourvèdre*

호주 : 마타로 *Mataro*

기원과 역사

고향은 뜨거운 태양으로 유명한 스페인 남동부 발렌시아주다. 이름은 인근 도시 'Murviedro(무르비에드로)'에서 유래한 것으로 보인다.

아직도 베일에 싸인 부분이 많은 품종으로, 정확한 시기는 알려지지 않았지만 스페인에서 남프랑스로 전파되었다는 이야기가 전해진다.

호주에는 1830년경, 이주민들에 의해 전해졌다.

특징

모나스트렐은 당도가 오르기 위해 많은 열을 필요로 하는 품종으로, 따뜻한 산지에서만 재배된다.

발렌시아에서는 단일 품종으로 양조되어 주역으로 자리매김하지만, 프랑스 론 지방과 호주에서는 그르나슈(P88), 시라(P52), 생소(P90)와 블렌딩되는 보조 품종으로 쓰인다. 와인에서는 가죽을 무두질한 듯한 향이 특징적이다.

재배 적지

서늘 — 온화 — 따뜻 (온화~따뜻)

맛

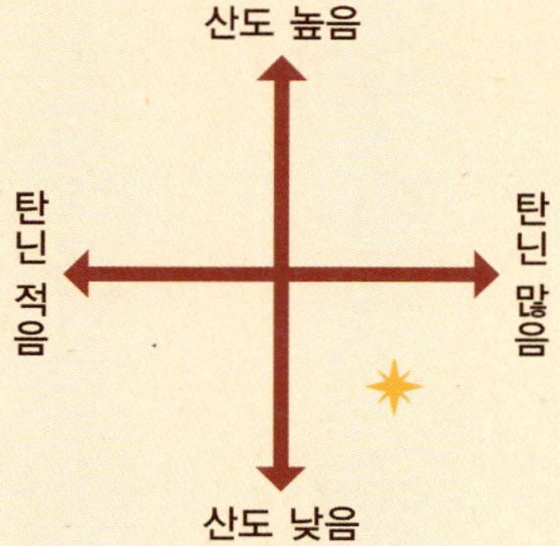

한마디 메모

짙은 색조에 알코올 도수가 높고 풀 바디 스타일.

향

대표 향

블랙베리

무두질한 가죽

기타 지비에(사냥고기)

마시는 시기

- ▶ 바로 마시기 좋은
- ▶ 장기 숙성

단일 품종 or 블렌딩

- ▶ 단일 품종 (발렌시아)
- ▶ 블렌딩 (프랑스 론 지방, 호주)

양조 · 숙성

단일 품종 와인으로 양조되기도 하지만, 블렌딩에서는 보조 품종으로 활용된다.

가격

저렴한		비싼		초고가
1	**2**	3	4	5

가족

없음

바닷바람의 향을 품은 화이트 품종

알바리뇨

Albariño

희귀 등급

A

기원과 역사

알바리뇨의 고향은 스페인 북서부 갈리시아주. 껍질이 두꺼워 곰팡이병에 강하기 때문에 비가 많은 갈리시아와 포르투갈 북부에서 특히 가치있게 활용되어 왔다. 포르투갈에서는 이 품종으로 초록빛 와인 'Vinho Verde(비뉴 베르데)'를 빚는다.

특징

해산물과 잘 어울리는 품종으로 인기가 급상승 중이며, 일본의 니가타현과 도야마현 연안에서도 재배되고 있다.

갈리시아는 바닷가에 자리해 있어 포도에 바닷바람이 그대로 스며들고, 세척하지 않은 채 양조에 사용된다. 그 덕분에 와인에서 은은한 짠맛이 느껴지기도 하며, 스페인에서는 '바다의 와인'으로 불린다.

산지 : 스페인

재배 적지

서늘 — 온화 — 따뜻

맛

산도

■■■■■ (5/5)

당도

■□□□□ (1/5)

한마디 메모

과실미가 풍부하지만, 산뜻한 산미가 특징적이며, 여운에는 은은한 짠맛이 감돌기도 한다.

향

대표 향

백도 복숭아

오렌지꽃

기타 바닷바람

마시는 시기

▶ 바로 마시기 좋은

장기 숙성

단일 품종 or 블렌딩

▶ 단일 품종

블렌딩

양조 · 숙성

꽃 향기가 두드러지기 때문에 새 소형 오크통에서 숙성하면 바닐라 향과 충돌할 수 있어, 스테인리스 탱크에서 숙성된다.

가격

저렴한 — 비싼 — 초고가

1 | **2** | 3 | 4 | 5

가족

없음

셰익스피어도 즐겼던
'셰리'를 상징하는 품종

팔로미노

Palomino

희귀 등급
S

기원과 역사

팔로미노는 스페인 남부 안달루시아 주가 고향이다. 13세기, 이베리아 반도를 통치하던 카스티야 왕국의 기사 가운데 한 사람의 이름에서 유래했다고 전해진다.
세계적으로 유명한 주정 강화 와인 'Sherry(셰리)'가 바로 이 품종으로 빚어진다. 대항해 시대에는 큰 인기를 누렸으며, 그 명성은 셰익스피어 작품에 여러 차례 등장할 정도로 높았다.

특징

팔로미노 자체는 특별한 개성이 드러나지 않는, 매우 담백한 품종이다. 하지만 셰리를 만드는 과정에서는, 와인의 표면에 특수한 미생물을 피막처럼 자라게 해서 캐모마일 같은 독특한 향을 입히거나, 일부러 산화 숙성을 시키기도 한다. 그렇기 때문에 팔로미노처럼 개성이 강하지 않은 품종이야말로 셰리 생산에 가장 알맞다고 할 수 있다.

산지 : 스페인

재배 적지

서늘 — 온화 — 따뜻 (따뜻)

맛

산도

		■		

당도

■				

한마디 메모

산도는 중간 정도. 다만, 'Fino' 라고 표기된 셰리는 숙성 과정에서 발생하는 미생물로 인해 다소 신맛이 강해질 수도 있다.

향

대표 향

청사과

자몽

기타

- 레몬
- 캐모마일 ※'Fino' 스타일
- 소흥주 ※'Amontillado', 'Oloroso' 스타일

마시는 시기

▶ 바로 마시기 좋은

장기 숙성

단일 품종 or 블렌딩

▶ 단일 품종

블렌딩

양조 · 숙성

라벨에 'Fino' 표기 : 와인 표면에 특수한 미생물이 막을 이루도록 하여 숙성시킨 스타일. 라벨에 'Amontillado', 'Oloroso' 표기 : 의도적으로 산화 숙성을 거친 스타일.

가격

저렴한 — 비싼 — 초고가

1	**2**	**3**	4	5

가족

없음

엘리자베스 여왕도 사랑한
'포트'의 주원료

토우리가 나시오날

Touriga Nacional

희귀 등급
S

기원과 역사

본고장은 포르투갈로, 주정 강화 와인 'Port(포트)'의 주된 원료가 되는 품종이다(일본의 '아카다마 포트 와인'과는 전혀 무관하다). 17세기 무렵, 포르투갈에서 영국으로 꾸준히 포트 와인이 수출되면서 영국인들에게 큰 사랑을 받았다.
다만 병충해에 약하고, 한 포도나무에서 고작 300g밖에 수확할 수 없는 저수확 품종으로, 한 때 멸종 위기에까지 몰리기도 했다.

특징

토우리가 나시오날로 만든 포트 와인은 강건한 탄닌과 달콤한 맛, 그리고 높은 알코올 도수가 특징이다. 이 힘 덕분에 100년은 거뜬히 숙성 가능한 와인으로 손꼽힌다.
또한 포트 와인에는 영국산 블루 치즈인 '스틸턴'을 곁들이는 것이 전통적인 조합. 이 매혹적인 페어링은 영국 왕실에서도 사랑받았는데, 엘리자베스 여왕 역시 이 조합의 열렬한 팬으로 알려져 있다.

산지 : 포르투갈

재배 적지

서늘 — 온화 — 따뜻 (적지: 따뜻)

맛

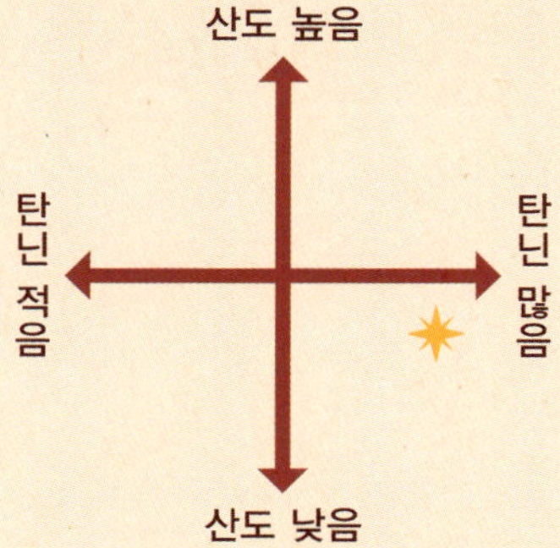

한마디 메모

탄닌 함량이 매우 높아, 스틸 와인뿐 아니라 주정 강화 와인으로도 빚어진다.

향

대표 향

블랙베리

담배

기타 카시스

마시는 시기

바로 마시기 좋은

▶ 장기 숙성

단일 품종 or 블렌딩

단일 품종

▶ 블렌딩

양조 · 숙성

숙성 방식도 다채롭다. 크고 작은 다양한 크기의 오크통에서 숙성되며, 어떤 스타일은 병 안에서 장기간 숙성을 거치기도 한다.

가격

저렴한 — 비싼 — 초고가

1	2	3	4	5

(해당: 2, 3, 4)

가족

없음

그리스의 자존심, 대표 프리미엄 품종

크시노마브로

Xinomavro

희귀 등급

S

기원과 역사

그리스 북부가 본고장이다.
한때는 그리스에서만 재배되던 토착 품종이었으나, 토착 품종에 대한 세계적 관심이 높아지면서 국제적인 인기를 얻고 있다. 최근에는 중국 간쑤성에도 크시노마브로가 심어질 정도이다.

특징

그리스에서 가장 격이 높은 품종으로 꼽힌다. 품종명에서 'xino'는 '산', 'mavro'는 '검다'를 뜻하는데, 이름 그대로 이 품종으로 만든 와인은 젊을 때 지나칠 만큼 강한 산도와 탄닌을 드러내기도 한다.
그 특징은 마치 피노 누아(P54)와 네비올로(P112)를 반씩 섞어 놓은 듯하다. 관능적인 아로마와, 날카로운 산미와 함께 드러나는 강한 떫은맛이 인상적이다.

재배 적지

서늘 — 온화 — 따뜻

(범위: 온화 ~ 따뜻)

맛

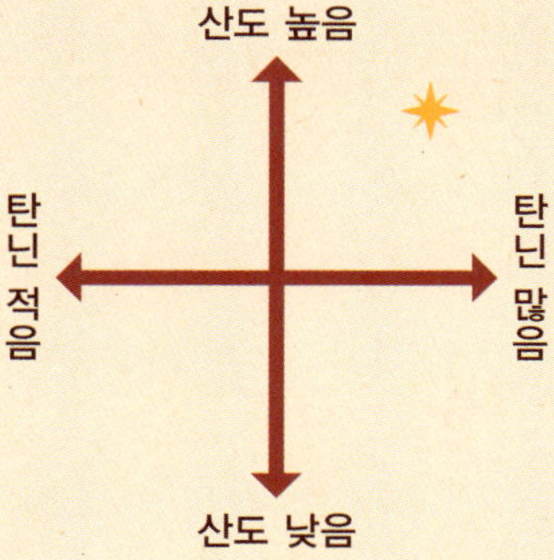

한마디 메모

산미가 날카롭고 떫은맛이 강해. 입에 머금으면 마치 "아야!" 하고 외치고 싶을 만큼 자극적이다.

향

대표 향

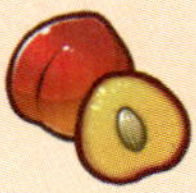

레드플럼

마른 낙엽

기타 붉은 살코기

마시는 시기

바로 마시기 좋은

▶ **장기 숙성**

단일 품종 or 블렌딩

▶ **단일 품종**

블렌딩

양조 · 숙성

섬세한 향을 망치지 않기 위해, 새 오크통이 아닌 헌 오크통에서 숙성시킨다.

가격

저렴한 — 비싼 — 초고가

1 | **2** | **3** | **4** | 5

(해당: 2~4)

가족

없음

술의 신 바쿠스도 즐겼다?
'레치나'의 원료 품종

사바티아노

Savatiano

기원과 역사

본고장은 그리스.
그리스의 국민주 'Retsina(레치나)'는 사바티아노로 만든 화이트 와인에 송진을 더해 향을 입힌 것이다. 언제부터 마셔온 것인지 역사가 뚜렷하지 않지만, 그 인기는 식지 않고 지금도 여름철에 즐겨 찾는 정석 와인으로 자리 잡고 있다.

특징

건조한 환경에 강하기 때문에, 그리스 곳곳에서 재배되고 있다.
예전에는 와인을 저장하기 위해 송진을 접착제 대신 항아리 뚜껑에 사용했는데, 그 송진 향이 와인에 배어들면서 "맛있다!"라는 반응을 얻었고, 그것이 레치나 탄생의 계기가 되었다.

산지 : 그리스

재배 적지

서늘 · 온화 · 따뜻

맛

산도

당도

한마디 메모

가볍고 산뜻한 맛이 특징이다.

향

대표 향

레몬

청사과

기타 송진

마시는 시기

▶ 바로 마시기 좋은

장기 숙성

단일 품종 or 블렌딩

단일 품종

▶ 블렌딩

양조 · 숙성

단순한 스타일의 와인이어서 바로 소비되는 경우가 많기 때문에, 새 소형 오크통에서는 숙성하지 않는다. 대신 송진을 첨가해 스테인리스 탱크나 헌 대형 오크통에서 숙성한다.

가격

저렴한 · 비싼 · 초고가

1 2 3 4 5

가족

없음

멋쟁이 뉴요커들도 반해버린 품종

그뤼너 벨트리너

Grüner Veltliner

희귀 등급

A

기원과 역사

오스트리아가 본가인 이 품종은, 나라 전체 포도밭의 약 3분의 1을 차지하고 있다. 독일어로 'Grüner(그뤼너)'는 '초록색'을 뜻하는데, 이름처럼 포도 껍질이 연둣빛을 띠고 있다.
지금 세계적으로 대유행 중이며, 특히 뉴욕의 트렌디한 소믈리에들 사이에서는 손님에게 주문을 받을 때 "Red, White or Green?"이라고 묻는 유행어까지 생겨났다고 한다.

특징

화이트 페퍼의 향이 특징적인데, 이는 시라(P52)와 마찬가지로 '로툰돈'이라는 성분에서 비롯된 것으로 밝혀져 있다.
특히 서늘한 기후에서 재배할수록 이 향이 뚜렷하게 나타나기 때문에, 오스트리아에서도 주로 북부 지역에서 많이 볼 수 있다.

산지 : 오스트리아

재배 적지

서늘 | 온화 | 따뜻

(적지 범위: 온화)

맛

산도

■■■■□ (5단계 중 5)

당도

■□□□□ (5단계 중 1)

한마디 메모

풍부한 과실미와 날카로운 산미가 균형을 이룬다.

향

대표 향

살구

화이트페퍼

기타 샐러드채

마시는 시기

바로 마시기 좋은

▶ 장기 숙성

단일 품종 or 블렌딩

▶ 단일 품종

블렌딩

양조 · 숙성

화이트페퍼의 향을 살리기 위해 보통은 오크 향을 덧입히지 않는다. 그래서 수십 년 사용한 대형 오크통이나 스테인리스 탱크에서 숙성되는 것이 일반적이다.

가격

저렴한 | 비싼 | 초고가

1 | **2 | 3 | 4** | 5

(해당 가격대: 2–4)

가족

없음

왕실과 귀족들이 사랑한
'토카이'의 주원료

푸르민트

Furmint

희귀 등급
A

기원과 역사

본고장은 헝가리.
'Tokaji(토카이)'는 푸르민트로 빚은 스위트 와인으로, 프랑스의 루이 14세가 "왕의 술이자 술의 왕"이라 극찬한 것으로 유명하다. 16세기 이후에는 표트르 대제, 예카테리나 여제, 마리아 테레지아 등 수많은 왕실과 귀족들에게 사랑받아 온 품종이다.

특징

드라이 스타일도 만든 와인도 유명하지만, 특수한 곰팡이인 '귀부균'을 입혀서 빚어내는 스위트 와인 'Tokaji Furmint(토카이 푸르민트)'는 세계 3대 귀부 와인 중 하나로 꼽힌다. 귀부균 덕분에 꿀과 오렌지 필 같은 향이 피어오르는 것이 특징이다.

산지 : 헝가리

재배 적지

서늘 — 온화 — 따뜻

(적지 범위: 온화)

맛

산도

■■■■■ (5단계 중 5)

당도

■■■■□ (5단계 중 4)

한마디 메모

푸르민트는 풍부한 산미를 지닌 드라이 타입부터, 세미 드라이, 세미 스위트, 스위트까지 폭넓은 스타일로 빚어진다.

향

대표 향

살구

【귀부균】 꿀

기타

황도 복숭아
【오크 숙성】 바닐라, 토스트
【귀부균】 오렌지 필

마시는 시기

바로 마시기 좋은

▶ 장기 숙성

단일 품종 or 블렌딩

단일 품종

▶ 블렌딩

양조 · 숙성

소형 오크통에서 숙성해 복합적인 풍미가 더해지며, 바닐라와 토스트 향이 어우러진다.

가격

저렴한		비싼		초고가
1	2	**3**	4	5

가족

샤르도네

리슬링

'립프라우밀히'로
한때 세상을 풍미한 품종

뮐러 투르가우

Müller-Thurgau

희귀 등급
B

기원과 역사

1882년, 스위스 투르가우주에서 헤르만 뮐러 박사가 교배하여 개발한 품종으로, 그의 이름과 지역명이 합쳐져 '뮐러 투르가우'라 불리게 되었다. 하지만 오늘날 그 명성을 얻은 곳은 스위스가 아니라 독일이다.
이 품종은 리슬링(P46)과 한 마이너 품종을 교배해 만들어졌다. 개발 목적은 리슬링의 고귀한 품질을 유지하면서도, 수확량이 많은 실용적인 포도 품종을 얻는 데 있었다.

특징

리슬링과 비슷하지만, 비교해보면 향은 다소 흐릿하다. 전후 독일은 이 품종을 활용해 세미 스위트 스타일의 'Liebfraumilch(립프라우밀히)'라는 와인을 출시했다. 물자가 부족하던 시절, '싸고 달다'는 이유로 폭발적인 인기를 끌었지만, 오일 쇼크를 계기로 평가는 정반대로 바뀌었다. 소비자들이 "값싼 단 와인은 더는 마시고 싶지 않다"며 외면하기 시작한 것이다.

재배 적지

서늘 — 온화 — 따뜻

맛

산도

당도

한마디 메모

풍부한 산미, 세미 스위트 스타일이 많다.

향

대표 향

백도 복숭아

오렌지꽃

기타 레몬

마시는 시기

▶ 바로 마시기 좋은

장기 숙성

단일 품종 or 블렌딩

▶ 단일 품종

▶ 블렌딩

양조 · 숙성

바로 마시기 좋은 데일리 와인으로 자리 잡았으며, 가격도 저렴하다. 따라서 오크 숙성은 하지 않는다.

가격

저렴한		비싼		초고가
1	2	3	4	5

가족

리슬링

독일 드라이 와인의 대표주자

실바너

Silvaner

희귀 등급
A

기원과 역사

출신에 대해서는 프랑스, 독일, 중부 유럽 등 여러 설이 있지만, 현재는 독일 기원설이 가장 유력하다.
중세 무렵에 등장한 것으로 전해지지만, 정확한 역사는 불분명하다.
제2차 세계대전 이후 독일 전역이 저렴한 스위트 와인 열풍에 휩싸였을 때에도, 프랑켄 지방만큼은 흐름에 휩쓸리지 않으며, 실바너를 이용한 드라이 와인이 꾸준히 빚어졌다.

특징

독일에서 가장 사랑받는 제철 채소라면 단연 화이트 아스파라거스다. 이때 독일인들이 가장 즐겨 곁들이는 품종이 바로 실바너다. 높은 산도와 깔끔한 마무리 덕분에, 아스파라거스 특유의 은은한 풍미를 해치지 않고 오히려 돋보이게 만든다.
특히 프랑켄 지방산 실바너가 가장 유명하며, 이곳의 와인은 둥글고 넓적한 형태의 '복스보이텔 병'에 담겨 시장에 나온다.

재배 적지

서늘 ←·····→ | 온화 | 따뜻

맛

산도

■■■■□ (5/5)

당도

□■■■■ (1/5)

한마디 메모

침샘이 자극될 만큼 풍부한 산미. 그리고 드라이 스타일이 주류를 이룬다.

향

대표 향

청사과

월계수 잎

기타 자몽

마시는 시기

바로 마시기 좋은

▶ **장기 숙성**

단일 품종 or 블렌딩

▶ **단일 품종**

블렌딩

양조 · 숙성

화려하고 섬세한 향을 살리기 위해, 오크 숙성은 하지 않는다.

가격

저렴한		비싼		초고가
1	**2**	**3**	4	5

가족

없음

화려하게 부활한 청포도의 여왕(독일)

리슬링

Riesling

※프랑스 P46

희귀 등급
A

역사

어디가 기원인지는 아직도 명확하지 않지만, 독일 출신설이 가장 유력하다.

전쟁 후에는 재배 면적에서 뮐러 투르가우(P178)에 밀렸으나, 2000년대 들어 다시 인기를 얻으며 현재는 독일 1위 품종으로 자리매김했다. 이 부활의 흐름은 흔히 '리슬링 르네상스'라 불린다.

프랑스 와인과 비교

프랑스산보다 꽃 향이 더 두드러지고, 라이트 바디이다. 독일은 프랑스보다 기후가 한층 더 서늘하기 때문에, 포도가 신맛이 살아 있으며, 그 결과 와인 속의 산미도 뚜렷하다. 또한 프랑스에 비해 스위트 와인이 많다는 점도 독일 리슬링의 특징이다.

가격	저렴한		비싼		초고가
	1	**2**	**3**	**4**	5

와인
캐릭터
제작 비하인드

Column

라벨 읽는 법 스페인 편

스페인의 프리미엄 와인

이탈리아와 마찬가지로, 스페인 와인도 **'토지의 이름' 혹은 '품종 + 토지의 이름'이 와인 이름**이 됩니다. 경우에 따라서는 '와이너리명'이나 '브랜드명'이 와인 이름으로 사용되기도 합니다. 라벨에 적힌 **'Denominación de Origen (DO)'** 또는 **'Denominación de Origen Calificada(DOCa)'**라는 문구는, 프랑스 와인의 'Appellation ○○ Contrôlée', 이탈리아 와인의 'Denominazione di Origine Controllata e Garantita'에 해당합니다. 참고로, DO보다 DOCa가 더 높은 등급입니다.

또한 라벨에 **'Crianza', 'Reserva', 'Gran Reserva'**라고 표시되어 있다면, **이 와인은 오크통에서 장기간 숙성되어 '잘 숙성된 와인'으로 인정받은 것을 의미합니다**. 숙성 기간은 'Crianza' → 'Reserva' → 'Gran Reserva' 순으로 길어집니다.

대표적인 스페인의 라벨

Column

라벨 읽는 법 독일 편

와인 이름은 '모든 정보를 담은 완전체'

독일인은 꼼꼼하기로 유명하죠. 그래서 와인 이름 안에 모든 정보를 담습니다. 즉, **'마을명er + 포도밭명 + 품종명 + 당도 등급' 이 네 가지 요소가 합쳐져 하나의 와인 이름**이 됩니다. 예를 들어 이 라벨에서는 'Wehlen(마을명)er + Sonnenuhr(포도밭명) + Riesling(품종명) + Auslese(당도 등급)' 이 전체가 와인 이름입니다.

독일이 다른 유럽 국가들과 완전히 다른 점은, 고급 와인의 서열을 **'토지의 구획'이 아니라 '수확 시 포도의 당도'로 구분**한다는 것입니다(※). 독일은 기후가 냉랭하여 포도를 충분히 달게 익히기가 어렵기 때문에, "더 단 포도로 만든 와인이 더 위급이다"라는 생각은 아주 합리적이라 할 수 있습니다. 당도 등급은 **Kabinett** → **Spätlese** → **Auslese** → **Beerenauslese** → **Eiswein** → **Trockenbeerenauslese** 순으로 높아집니다.

대표적인 독일의 라벨

※현재 독일은 신(新) 와인법으로 이행 중이며, 2026년에는 완전히 새로운 기준으로 전환될 예정입니다. 새 법에서는 프랑스와 마찬가지로, 토지 구획이 좁을수록 등급이 높아지는 방식으로 바뀝니다.

와인
캐릭터
제작 비하인드

Part 4

와인 초보에서 와인 고수로

와인을 좀 더 고수처럼 시음해보자

테이스팅의 4단계

레스토랑에서 옆자리의 신사가 갑자기 "후루룩" 소리를 내며 와인을 맛보는 모습을 본 적이 있나요? 처음 보면 다소 이상하게 보이지만, 사실 그것은 와인의 개성을 파악하고 맛을 최대한 끌어내기 위한 과정입니다.

물론 그렇게 하지 않고 바로 한 모금 꿀꺽 마셔도 괜찮습니다. 하지만 **소믈리에들은 이 과정을 통해 포도 품종, 산지, 빈티지(수확 연도) 등의 특징을 읽어내고 있습니다**.

참고로, 커피나 올리브오일의 테이스팅도 사실 와인과 같은 방식으로 이루어진다는 사실, 알고 계셨나요? 와인 테이스팅은 고대부터 발전해 온 기법으로, 지금은 여러 식품에 응용되고 있습니다. 즉, **와인 테이스팅은 맛을 읽는 기본적인 방식**인 셈입니다. 이 방법을 익히면 와인뿐만 아니라 커피나 올리브오일의 풍미도 구별할 수 있게 될지도 모릅니다.

테이스팅 방법을 익혀서, 한층 와인 고수처럼 즐겨보세요. 그럼 이제, 와인 테이스팅의 4단계를 소개하겠습니다.

① 외관

잔을 살짝 기울여, 타원형으로 펼쳐진 와인 표면을 들여다보세요. 빛이나 흰 종이 위에 올려두면 색의 차이가 더 잘 보입니다. 레드 와인은 보랏빛이 도는 붉은색 / 오렌지빛 붉은색, 화이트 와인은 연두빛 / 황금빛 등, 색조의 차이를 찾아볼 수 있습니다.

② 향

잔을 코 가까이 대고, **먼저 한 번 그대로 향을 맡습니다. 그다음, 오른손잡이라면 잔을 테이블에 두고 반시계 방향으로 천천히 회전시킨 뒤 다시 향을 맡습니다**. 첫 번째와 두 번째의 향이 놀라울 정도로 달라질 것입니다.

③ 맛

입에 머금은 뒤, 단순히 삼키지 말고 **공기를 살짝 들이마시면서 맛을 봅니다**. 크게 소리를 낼 필요는 없고, "스르륵" 하는 정도면 충분합니다. 공기를 함께 머금으면, 그냥 마셨을 때보다 훨씬 풍미가 풍부하게 퍼집니다.

④ 결론

마지막으로, "좋았다 / 별로였다"는 식으로 자신의 취향을 분명히 해두세요. 이것이 다음 와인을 고를 때의 기준점이 됩니다.

One Point!

오른손잡이가 잔을 반시계 방향으로 돌리는 이유는, 혹시 와인이 흘러도 다른 사람에게 튀지 않도록 하기 위해서입니다. 왼손잡이라면 그 반대로 시계 방향으로 돌립니다. 와인은 기사도 문화의 전통이 남아 있는 술입니다. 주변을 배려하며 스마트하게 즐기는 태도, 그것이야말로 진정한 와인 애호가의 품격이겠지요.

와인의 '결함'

"뭔가 이상한데?" 싶을 때

와인을 마시다 보면 가끔 '젖은 신문지'나 '축축한 골판지 상자' 같은 냄새가 느껴질 때가 있습니다. 이것은 **코르크의 결함으로 인해 생긴 것으로, 흔히 '코르크 냄새' 혹은 '부쇼네'라고 부릅니다**.

전 세계적으로 유통되는 와인 중 몇 퍼센트가 부쇼네인지 정확한 통계는 없지만, 대체로 약 5%, 즉 20병 중 1병 꼴로 발생할 수 있다고 합니다.

돈을 내고 샀는데 이런 냄새가 난다면 정말 아쉽죠. **만약 "이상하다" 싶다면, 마시지 말고 코르크를 닫은 채로 구입한 매장에 가져가세요**. 직원이 부쇼네임을 인정하면 무료로 교환해줍니다. 단, 많이 마셔버리면 교환이 어려워지므로, 맛이 이상하다고 느낄 땐 최소한 90%는 남겨 두는 게 좋습니다.

불쾌한 냄새도 와인의 일부?

와인의 결함은 브쇼네만 있는 것이 아닙니다. 그중에는 "이상한데?"라고 느껴도 교환 대상이 되지 않는 경우도 있습니다. 대표적으로 '온천 달걀 냄새'와 '말마굿간 냄새'가 나는 와인이 그렇습니다.

① 온천 달걀 냄새

와인을 만드는 모든 단계에서, **양조자가 와인이 공기와 접촉하지 않도록 지나치게 조심할 경우 이 냄새가 발생할 수 있습니다**. 이를 **'환원취'**라고 부릅니다. 이 향은 공기와 닿으면 자연히 사라지므로, 병을 연 다음 날이면 거의 없어집니다. 당장 마시고 싶다면, 잔을 크게 돌려 산소와 섞어주면 불쾌한 냄새가 어느 정도 완화됩니다.

② 말마굿간 냄새

이는 **'브레타노마이세스'**라는 미생물 때문입니다. 오크통 등에서 번식하며, **양조 과정에서 살균 작용이 있는 아황산을 넣지 않았을 때 이 미생물이 활동하여 말마굿간 같은 냄새를 만들어냅니다**.

이 냄새가 난다고 해서 마실 수 없는 것은 아닙니다. 오히려 일부 애호가들은 "과일이나 꽃향이 아닌 이 특별한 향이 와인에 깊이를 준다"고 평가하기도 합니다. 하지만 냄새의 본질이 말마굿간이기 때문에, 대부분의 초보자에게는 거부감을 주는 향으로 느껴집니다.

Explanation

마신 와인을 기록해보자

'좋았다 / 별로였다'를 남겨두기

와인의 특징을 기억하는 방법은 단 하나뿐입니다. 그것은 바로 기록하는 것입니다.

기록이라고 하면 거창하게 들릴지 모르지만, **마신 와인에 대한 느낌을 한 두 마디라도 남겨두는 것만으로 충분**합니다.

참고로 저는 업무 중에는 전용 테이스팅 노트에 기록을 남깁니다. 와인 모임에 참석할 때는 이야기가 너무 즐거워서 사진만 찍고 끝나는 경우도 종종 있지만, 사진만 남아 있어도 나중에 "이 와인 좋았었지" 하고 떠올릴 수 있어 추천드립니다.

와인 평론가 중에는 시음한 와인을 엑셀로 정리하는 사람도 있습니다. 하지만 그건 꽤 번거로운 일이죠. 그래서 오늘부터 바로 실천할 수 있는 간단한 기록법 세 가지를 소개합니다.

추천 기록법

① 전용 노트 사용

와인숍에서 판매되는 작은 전용 노트를 이용하는 방법입니다. 노트에는 이미 향의 키워드(레몬, 사과, 복숭아 등) 가 인쇄되어 있어, 해당 항목에 동그라미만 치면 완성됩니다. 초보자도 쉽게 쓸 수 있는 방법입니다.

② 스마트폰 앱 활용

라벨을 촬영하면 자동으로 와인 이름, 산지, 품종, 가격이 입력되는 무료 스마트폰 앱이 있습니다. 사진을 찍은 뒤 간단한 코멘트만 덧붙이면 끝입니다. 이런 앱의 재미있는 점은, 다른 사람의 시음평도 함께 볼 수 있다는 것입니다. 세계적으로 유명한 앱 'Vivino' 를 사용하면 해외 사용자들의 리뷰도 확인할 수 있습니다.

③ SNS 활용

여러 SNS 중에서는 인스타그램을 이용하는 사람이 많습니다. 기록 전용 계정을 만들어 마신 와인의 사진을 꾸준히 올려두면 나중에 앨범처럼 다시 보거나, 다른 와인 애호가와 정보를 교류할 수도 있습니다.

마지막으로, 기록할 때 꼭 전문가처럼 적을 필요는 없습니다. **"좋았다 / 별로였다" 정도로도 충분**합니다. 다만, 다음 날 "어제 무슨 와인 마셨더라?" 하고 잊어버리지 않도록, 취하기 전에 **사진 한 장은 꼭 남겨둘 것**을 추천합니다.

Explanation

빈티지 차트를 활용해보자

풍작년 / 흉작년

와인은 농산물의 성격이 매우 짙은 술입니다. 기본적으로 포도만으로 단순하게 만들어지기 때문에, 어떤 포도를 사용했는지가 와인 맛에 그대로 드러납니다.

게다가 같은 품종이라도, 그 포도가 수확된 해, 즉 **'빈티지'**에 따라 와인의 품질이 달라집니다.

포도는 건조한 환경에서 잘 자랍니다. 그래서 **1년 동안 비가 적게 내린 해는 당도가 높고 잘 익은 포도를 수확할 수 있는 '풍작년'**이 됩니다. 반대로 **비가 잦은 해에는 포도가 물러지거나 곰팡이가 피기 쉬워, 그해는 '흉작년'**으로 평가됩니다.

특히 기후가 불안정한 산지에서는, 어떤 해에는 덜 익은 포도, 어떤 해에는 잘 익은 포도가 되는 등 해마다 편차가 심하게 나타납니다. 이처럼 해에 따라 포도의 품질이 들쭉날쭉한 현상을 **'빈티지 베리에이션'** 이라고 부릅니다.

빈티지 차트를 활용할 수 있는 산지

"어차피 와인 주문할 거라면 빈티지가 좋은 걸로", 혹은 "이건 좋은 빈티지는 아니지만 정말 가성비가 좋네" 이런 말을 와인숍이나 레스토랑에서 할 수 있다면 꽤 와인 고수처럼 보이겠죠.

이럴 때 유용한 도구가 바로 **'빈티지 차트'**입니다. 이 차트에는 그해 포도의 완성도가 점수나 별의 개수로 표시되어 있습니다.

유명 와인 잡지 **'Wine Spectator'(미국)**, **'Decanter'(영국)**, 유명 와인숍 **'ENOTECA'**, 이 세 곳에서 각각 빈티지 차트를 발표하고 있습니다. 인터넷에서 '잡지명 + 빈티지 차트' 또는 '상점명 + 빈티지 차트'로 검색하면 간단히 확인할 수 있습니다.

단, 빈티지 차트가 유효한 지역과 그렇지 않은 지역이 있습니다.

예를 들어, **프랑스의 보르도 지방이나 부르고뉴 지방은 기후 변동이 커서 빈티지 베리에이션이 심합니다**. 따라서 이런 지역에서는 빈티지 차트가 매우 유용합니다.

반면 **칠레나 호주처럼 대체로 건조한 산지는 해마다 포도 품질의 차이가 거의 없습니다**. 즉, 빈티지 차트를 굳이 참고할 필요가 없는 지역이죠.

좀 더 넓게 보면, 칠레나 호주에서 가성비가 뛰어난 와인이 꾸준히 생산되는 이유도 바로 이 빈티지 베리에이션이 거의 없기 때문입니다.

WineFile004.

유럽 이외의 국가

를 대표하는 포도 품종

※여러 지역에서 재배되는 품종도 있지만, 이 책에서는 특히 유명한 산지를 중심으로 소개했습니다.

아이스 와인에서 진가를 발휘하는 품종

비달

Vidal

희귀 등급

A

기원과 역사

출신지는 프랑스. 1930년경, 와인용 포도와 식용 포도를 교배해 개발된 품종이다.

그러나 널리 이름을 알리게 된 곳은 프랑스가 아니라 캐나다였다. 비달은 뛰어난 내한성 덕분에, 이전까지는 너무 추워서 포도 재배가 불가능하다고 여겨졌던 캐나다에서 재능을 꽃피웠다.

특징

와인용 품종과 식용 품종을 교배해 만든 경우를 '하이브리드'라 부른다. 이런 품종은 추위에 강하다든지 하는 장점이 있지만, 아쉽게도 고급스러움에서는 다소 부족하다고 평가된다.

그러나 비달은 예외적으로, 아이스 와인(얼린 포도로 빚는 스위트 와인)으로 양조했을 때 농밀한 단맛과 풍미가 응축되며 진가를 발휘한다.

산지 : 캐나다

재배 적지

서늘 | 온화 | 따뜻

(적지: 서늘)

맛

산도

■■■■■ (5단계 중 5)

당도

■■■■□ (5단계 중 4)

한마디 메모

라이트 바디에 깔끔한 맛이 특징. 상쾌한 산미가 단맛과 어우러져 균형을 이루기 때문에, 스위트 와인으로 많이 빚어진다.

향

대표 향

백도 복숭아

금목서

기타 파인애플

마시는 시기

바로 마시기 좋은

▶ 장기 숙성

단일 품종 or 블렌딩

▶ 단일 품종

블렌딩

양조 · 숙성

포도를 얼려 아이스 와인으로 만들거나, 늦은 수확을 통해 얻은 당도 높은 포도로 스위트 와인을 빚기도 한다. 화려한 향을 지니고 있기 때문에, 새 소형 오크통에서는 숙성하지 않는다.

가격

저렴한		비싼		초고가
1	**2**	**3**	4	5

가족

없음

아메리칸 드림을 이룬 품종

진판델

Zinfandel

희귀 등급

B

이탈리아 : 프리미티보 *Primitivo*

크로아티아 : 트리비드라그 *Tribidrag*

기원과 역사

출신지는 크로아티아. 오늘날 미국을 대표하는 품종으로 알려져 있지만, 그 뿌리는 오랫동안 미스터리였다. 그러다 2001년, 크로아티아 토착 품종과 DNA가 일치한다는 사실이 밝혀지며 전 세계를 놀라게 했다.

골드러시 시대에는 값싸고 쉽게 마실 수 있는 '벌컥벌컥 마시는 와인'으로 노동자들의 갈증을 달래주었지만, 최근 들어서는 점차 프리미엄 스타일로 변모하고 있다.

특징

알코올 도수가 높아 쉽게 풀바디 스타일로 만들어진다. 포도송이 안에 일부 건포도화된 열매가 섞이기도 하여, 와인에 건포도 향이 더해지기도 한다.

또한 때로는 로제 와인으로도 양조되는데, 이때는 붓으로 살짝 스친 듯한 연한 핑크빛이 돌며, 그래서 '블러쉬 와인'이라 불린다.

재배 적지

서늘 — 온화 — 따뜻 (온화~따뜻)

맛

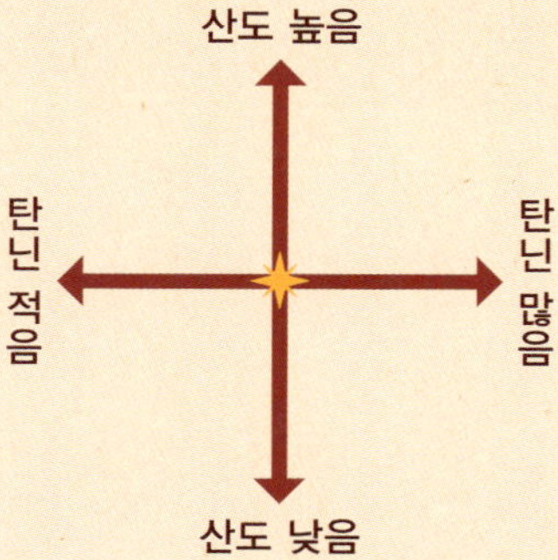

한마디 메모

알코올이 강하고 풍부한 과즙미가 느껴지는 맛이 특징이다. 세미 스위트 로제 와인으로도 만들어진다.

향

대표 향

블랙체리

기타

건포도, 감초
【오크 숙성】 바닐라, 카카오

마시는 시기

- 바로 마시기 좋은
- 장기 숙성

단일 품종 or 블렌딩

- 단일 품종
- 블렌딩

양조 · 숙성

레드 와인의 경우, 숙성에는 아메리칸 오크가 자주 사용되며, 그 덕분에 와인에는 뚜렷한 바닐라와 카카오 향이 더해진다.

가격

저렴한 — 비싼 — 초고가

1 2 3 4 5 (1~4)

가족

없음

보르도에 맞서는 프리미엄

카베르네 소비뇽

Cabernet Sauvignon

※프랑스 P50

희귀 등급

C

역사

1970~1980년대, 미국에서 대히트를 기록. 현재는 병당 수십만 엔에 달하는 카베르네 와인도 드물지 않다. 가격이 꾸준히 상승하는 배경에는 세계적인 평가의 상승세와, 실리콘밸리의 부유층들이 앞다투어 사들이는 열풍이 자리하고 있다. 특히 캘리포니아산은 이제 프랑스 보르도와 어깨를 나란히 하는 세계적 고급 산지로 인정받고 있다.

프랑스 와인과 비교

따뜻한 캘리포니아에서는 포도가 충분히 잘 익기 때문에, 졸인 듯한 농밀한 검은 과실 향이 뚜렷하게 드러난다. 민트 향은 거의 나타나지 않으며, 대신 알코올 도수가 높고 응축된 풍미가 특징이다. 풀 바디 스타일의 탄탄한 맛이 입안을 가득 채운다.

가격	1 (저렴한)	2	3 (비싼)	4	5 (초고가)

산지 : 미국

'ABC 현상'을 불러온 주인공

샤르도네

Chardonnay

※프랑스 P44

희귀 등급
C

역사

1980~1990년대, 샤르도네 와인은 미국 시장을 완전히 매료시켰다. 당시 와인 숍의 진열대는 샤르도네 일색이었다. 그러나 시간이 지나면서 질리기 시작한 소비자들은 외식 자리에서 이렇게 주문하기 시작했다. "Anything But Chardonnay(샤르도네만 빼고 뭐든 좋아)." 이 말의 앞 글자만 딴 표현이 바로, 'ABC 현상'이다.

프랑스 와인과 비교

파인애플, 바닐라, 버터 같은 달콤한 아로마가 퍼져 나온다. 프랑스산보다 한층 더 풀 바디하며, 입안에서는 풍성하고 호화로운 인상이 두드러진다. 전 세계 샤르도네 가운데에서도 가장 글래머러스한 스타일로 꼽힌다.

산지 : 미국

	저렴한		비싼		초고가
가격	1	2	3	4	5

The Heart Break Grape Variety
(애증의 포도 품종)

피노 누아

Pinot Noir

※프랑스 P54

독일 : 슈페트부르군더 *Spätburgunder*

희귀 등급

A

역사

피노 누아가 미국에서 처음 재배되기 시작한 것은 1910년대. 하지만 알맞은 재배지가 좀처럼 발견되지 않아 실패가 이어졌고, 생산자들은 이 까다로운 품종을 두고 이렇게 푸념했다. "The Heart Break Grape Variety(애증의 포도 품종).", "신은 카베르네를 만들었고, 악마는 피노 누아를 만들었다." 하지만, 미워할 수 없는 매력을 지닌 마성의 품종이다.

프랑스 와인과 비교

졸여낸 듯한 붉은 과실의 향이 매혹적으로 피어오른다. 부르고뉴산 피노 누아가 지닌 요염하고 관능적인 뉘앙스는 덜하지만, 대신 한결 더 친근하고 다정한 분위기로 다가온다.

가격	저렴한		비싼		초고가
	1	2	**3**	**4**	5

호주의 대명사

쉬라즈

Shiraz

※프랑스 P52

희귀 등급 C

프랑스 : 시라 *Syrah*

역사

19세기 초, 수백 그루의 묘목이 유럽에서 호주로 실려 왔다. 길고 험난한 항해 속에서 많은 포도나무가 시들어버렸지만, 시라(P52)는 놀라운 적응력으로 끝내 살아남아 호주 땅에 뿌리를 내렸다. 강인하고 거친 환경에도 굴하지 않는 호방한 성장력 덕분에, 호주에서는 쉬라즈라 불리며 오늘날 국가를 대표하는 상징 품종이 되었다.

프랑스 와인과 비교

블랙플럼, 리큐르, 초콜릿을 떠올리게 하는 관능적이고 달콤한 아로마가 풍부하다. 프랑스산 시라에서 뚜렷하게 느껴졌던 블랙페퍼의 향은 옅어지고, 대신 감초의 뉘앙스가 드러난다. 산도는 낮고, 전체적으로 묵직한 풀 바디 스타일의 와인이 된다.

저렴한		비싼		초고가
1	2	3	4	5

가격

캐치프레이즈는 'Cool & Beauty'

샤르도네

Chardonnay

※프랑스 P44

희귀 등급
C

역사

2000년 무렵까지만 해도, 샤르도네는 'Sunshine in the Bottle(병 속의 태양)'이라는 애칭처럼 과일 풍미가 가득하고 직관적인 스타일이었다.
그러나 지난 20년 동안 샤르도네는 놀라운 변신을 이루었다. 이제는 'Cool & Beauty'를 캐치프레이즈 삼아, 프랑스 부르고뉴 와인처럼 우아하고 세련된 스타일로 다시 태어나고 있다.

프랑스 와인과 비교

미국→칠레→호주→프랑스 순으로 갈수록 풀 바디이며 향긋한 과실미가 뚜렷해진다.
호주의 샤르도네는 프랑스 다음으로 가벼운 스타일이기 때문에, 가격이 계속 치솟는 부르고뉴 와인의 대체재로 주목받고 있다.

	저렴한		비싼		초고가
가격	1	2	3	4	5

산지 : 호주

유일무이한 스타일, 헌터 세미용

세미용

Semillon

※프랑스 P60

희귀 등급
A

역사

19세기 중엽, 시드니에서 북쪽으로 약 120km 떨어진 헌터 지역에서 재배가 시작되었다. "프랑스는 이미 낡았다!"라고 말하듯, 독자적인 스타일을 확립하였고, 그 결과 언제부턴가 '헌터 세미용' 이라 불리게 되었다.

프랑스 와인과 비교

일찍 수확한, 아직 신맛이 강한 포도로 빚는다. 그 결과 와인은 연둣빛을 띠고, 감귤과 허브 향, 그리고 침샘을 자극할 만큼 높은 산도가 특징이다. 높은 산도 덕분에 장기 숙성도 기대할 수 있으며, 시간이 흐르면 견과류와 꿀의 향기가 드러난다.

	저렴한		비싼		초고가
가격	1	2	3	4	5

20세기의 진짜 신데렐라

소비뇽 블랑

Sauvignon Blanc

※프랑스 P48

희귀 등급

A

역사

한때 뉴질랜드는 "포도 재배에는 너무 춥다"는 평가를 받곤 했다. 그런데 1970년대, 남쪽 섬에서 소비뇽 블랑 재배에 도전한 생산자가 나타났다. 그 결과 탄생한 와인은 머리카락이 곤두설 만큼 강렬한 임팩트를 지녔고, 단숨에 주목을 받으며 스타덤에 올랐다.

프랑스 와인과 비교

뉴질랜드는 미국이나 호주에 비해 위도가 높아 기후가 시원하다. 그럼에도 불구하고 햇볕이 강하기 때문에 패션프루트와 아스파라거스의 향이 또렷하게 드러난다. 과실미가 풍부하면서도 강한 산미를 지니고 있어, 전체적인 맛의 윤곽이 뚜렷하다.

가격	저렴한		비싼		초고가
	1	2	**3**	4	5

산지 : 뉴질랜드

NEXT 부르고뉴

피노 누아

Pinot Noir

※프랑스 P54

희귀 등급 **A**

독일 : 슈페트부르군더 *Spätburgunder*

역사

1970년대까지만 해도 뉴질랜드는 '양의 나라'로 알려져 있었다. 하지만 소비뇽 블랑의 성공을 계기로 급격히 주목받는 와인 산지가 되었다. "(이렇게 서늘한 지역에서) 소비뇽 블랑이 잘 된다면, 피노 누아도 가능하지 않을까?"라는 호기심에서 심어 본 결과, 놀랍게도 대성공을 거두었다.

프랑스 와인과 비교

햇빛이 강하기 때문에 프랑스산에 비해 색이 더 짙고, 붉은 과실 향이 선명하게 드러난다. 때로는 검은 과실 향이 느껴질 때도 있다. 다만 미국산과 비교하면 한결 섬세하다. 맛의 강도로 따지면, 미국→뉴질랜드→부르고뉴 순으로 높아진다.

가격

저렴한		비싼		초고가
1	2	3	4	5

안데스 산맥에서 꽃피운

말벡

Malbec

희귀 등급

A

산지 : 아르헨티나

기원과 역사

프랑스 남서부 지방이 고향으로, 19세기 중엽까지만 해도 사실 보르도 전역에서 널리 재배되던 품종이었다. 19세기, 프랑스에서 아르헨티나로 건너간 노동자들이 많아지면서 이때 말벡도 함께 전해졌다. 그리고 지금, 말벡은 아르헨티나에서 성공을 거둔 세계적인 스타 품종으로 군림하고 있다.

특징

메를로(P66)의 이복형제라 불리는 품종으로, 그래서인지 와인으로 만들면 메를로와 매우 흡사한 스타일을 보인다. 다만 말벡은 그보다 좀 더 과즙미가 넘치고 화려하며, 산도가 약간 높아 맛의 윤곽이 또렷하다.

재배 적지

서늘 | 온화 | 따뜻

(범위: 온화 ~ 따뜻)

맛

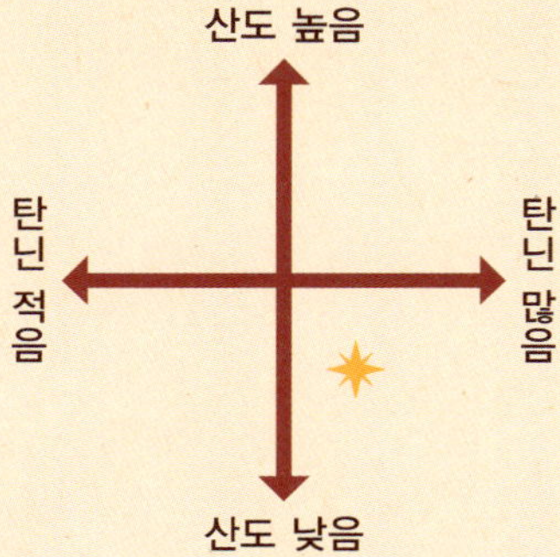

한마디 메모

풍부하면서도 부드러운 탄닌, 그리고 풀 바디의 묵직한 과실미를 즐길 수 있다.

향

대표 향

블랙베리

레드플럼

기타

【오크 숙성】 초콜릿
【병 숙성】 무두질한 가죽

마시는 시기

바로 마시기 좋은
▶ 장기 숙성

단일 품종 or 블렌딩

▶ 단일 품종
블렌딩

양조 · 숙성

강한 탄닌을 부드럽게 하기 위해 새 소형 오크통에서 숙성되며, 아메리칸 오크를 사용해 초콜릿 같은 달콤한 향을 더하기도 한다.

가격

저렴한		비싼		초고가
1	**2**	**3**	**4**	5

(해당 범위: 2 ~ 4)

가족

메를로

이베리아 반도에서 건너온
미스터 아로마틱

토론테스

Torrontés

희귀 등급

A

기원과 역사

고향은 이베리아 반도. 스페인이 남아메리카 대륙에 도착했을 때, 그들이 가지고 온 포도 품종 중 하나가 바로 토론테스였다.

아르헨티나의 기후와 완벽하게 맞아떨어지면서, 지금은 본가인 스페인보다도 아르헨티나에서 훨씬 더 유명한 품종이 되었다.

특징

토론테스에서 강하게 풍기는 머스캣과 흰 장미 향은, 모품종이 머스캣이기 때문이다. 다만 어머니보다 산도가 높은 것이 특징이다. 그 이유는, 토론테스의 주요 산지가 아르헨티나 북부의 해발 약 1600미터 고지대에 위치해 있기 때문. 이 덕분에 향은 화려하지만, 맛은 상큼하고 긴장감이 있다.

산지 : 아르헨티나

재배 적지

서늘 | 온화 | 따뜻

맛

산도

■■■■■ (5단계 중 5)

당도

■■■■■ (5단계 중 1)

한마디 메모

향긋하고 깊은 과실미에 산도가 높고, 전체적으로 경쾌한 맛을 지닌다.

향

대표 향

머스캣

흰 장미

기타 레몬버베나

마시는 시기

▶ **바로 마시기 좋은**

장기 숙성

단일 품종 or 블렌딩

▶ **단일 품종**

블렌딩

양조 · 숙성

화려한 향을 해치지 않기 위해 새 소형 오크통 숙성은 피하고, 대신 스테인리스 탱크 등에서 숙성된다.

가격

저렴한 | 비싼 | 초고가

1	**2**	3	4	5

가족

뮈스카

파이스

선교사들이 들여온 포도 품종

파이스

País

희귀 등급
S

미국 : 미션 *Mission*

스페인 : 리스탄 프리에토 *Listán Prieto*

기원과 역사

스페인 출신의 품종으로, 미국과 칠레, 아르헨티나에 와인 문화를 전한 주인공이 바로 파이스다.
원래 아메리카 대륙에는 와인을 마시는 문화가 없었지만, 스페인 군대가 상륙한 뒤 선교사들이 이 품종을 가져오면서 포도주 문화가 전해졌다.
이 품종이 미국에서 'Mission(전도)'이라 불리는 이유도 바로 여기에 있다.

특징

와인으로 빚으면 다소 시고 흙내음이 나는 소박한 시골 와인이 되기 쉽지만, 뛰어난 생산자들의 손에 들어가면 놀라울 만큼 세련된 스타일로 변신한다.
그 맛은 마치 피노 누아(P54)와 가메이(P58)의 중간쯤에 있는 듯한 인상. 딸기 캔디 같은 향, 라이트 바디, 떫지 않은 맛이 특징이다.

산지 : 칠레

재배 적지

서늘 — 온화 — **따뜻**

맛

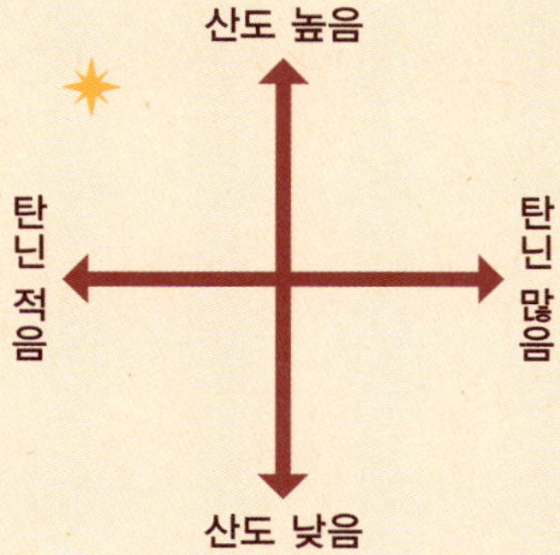

한마디 메모

탄닌이 적고 라이트 바디로, 가볍고 경쾌한 맛이 특징이다.

향

대표 향

딸기 캔디

붉은 장미

기타 흙

마시는 시기

▶ **바로 마시기 좋은**

장기 숙성

단일 품종 or 블렌딩

▶ **단일 품종**

블렌딩

양조 · 숙성

가메이로 만든 보졸레 와인과 같은 방식으로 양조되는 경우가 많아, 향과 맛에서도 가메이와 닮은 점이 많다.

가격

저렴한		비싼		초고가
1	**2**	3	4	5

가족

토론테스

메를로와 꼭 닮은 쌍둥이!?
한때 서로 혼동되어 재배되었던 품종

카르메네르

Carmenère

희귀 등급

A

기원과 역사

프랑스 보르도 지방이 고향이다. 품종명은 'Carmine(선홍색)'이라는 단어에서 유래했는데, 가을이 되면 잎이 붉게 물들기 때문이다. 19세기 중반, 칠레에 이 품종이 전해졌지만 오랫동안 메를로와 혼동되어 재배되었다. 그러다 1994년, DNA 감식을 통해 카르메네르임이 밝혀져 전 세계를 놀라게 했다. 지금은 칠레를 대표하는 '국민 품종'으로 사랑받고 있다.

특징

가을에 비가 자주 내리는 보르도에서는 아주 늦게 익는 카르메네르를 재배하기 어려워, 결국 거의 사라지고 말았다. 반면 건조한 가을을 가진 칠레에서는 늦게 익는 특성이 큰 문제가 되지 않았다.

다만, 포도가 너무 익으면 잼처럼 눅진해지고, 덜 익으면 강한 민트 향이 두드러지기 때문에, 재배가들 사이에서 까다롭기로 유명한 품종이다.

재배 적지

서늘 / 온화 / **따뜻**

맛

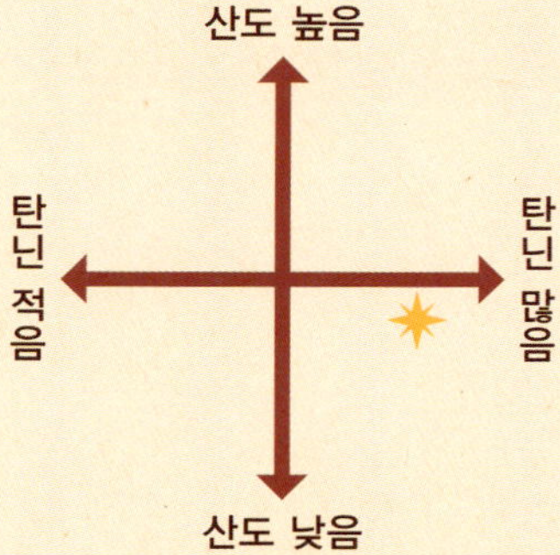

한마디 메모

짙은 색조를 띠며, 풀 바디에 단단한 탄닌감이 특징이다.

향

대표 향

카시스

민트

기타 【오크 숙성】 바닐라, 커피

마시는 시기

바로 마시기 좋은

▶ **장기 숙성**

단일 품종 or 블렌딩

단일 품종

▶ **블렌딩**

양조 · 숙성

강한 탄닌을 부드럽게 하기 위해 새 소형 오크통에서 숙성되는 경우가 많으며, 그 결과 바닐라나 커피 같은 향이 더해진다.

가격

저렴한 / 비싼 / 초고가

1 **2 3 4** 5

가족

카베르네 프랑

카베르네 소비뇽

메를로

나이 들수록 더 좋아지냥

까리냥

Carignan

※프랑스 P92

희귀 등급

S

스페인 : 까리네냐 *Cariñena*

스페인 리오하 : 마주엘로 *Mazuelo*

역사

1939년, 칠레 남부를 강타한 대지진으로 포도밭은 완전히 파괴되었다. 그때 새로 포도나무를 심으면서, '수확량을 안정적으로 확보할 수 있는 품종'이라는 이유로 까리냥이 선택되었다.

그 후 세월이 흘러 나무들이 노령화되자, 이제는 깊이와 복합미를 지닌 고품질 까리냥 와인이 생산되며, 재평가를 받고 있다.

프랑스 와인과 비교

짙은 색감을 띤다. 프랑스산 까리냥은 짐승 내음 같은 야생적 향이 나는 경우가 많지만, 칠레산은 보다 과즙미 넘치면서 친근한 풍미가 특징이다. 또한 알코올 도수도 프랑스산보다 높은 경향이 있다.

	저렴한		비싼		초고가
가격	1	**2**	3	4	5

광산 재벌도 반해버린 품종

카베르네 소비뇽

Cabernet Sauvignon

※프랑스 P50

희귀 등급

C

역사

19세기, 구리와 초석으로 부를 쌓은 칠레의 광산 재벌들이 프랑스로 여행을 떠났다. 그곳에서 마신 보르도 와인의 맛에 충격과 감동을 받은 그들은 막대한 광산 자본을 투자해 프랑스인 와인 기술자들을 칠레로 초청하고, 자신들의 땅에서 보르도식 와인 양조 프로젝트를 시작했다. 그때 함께 건너온 품종이 바로 카베르네 소비뇽이었다.

프랑스 와인과 비교

대체로 과실미가 풍부한 스타일이 많다. 일본에서는 2008년 리먼 쇼크 때, 동물 그림이 그려진 저가형 '칠레 카베르네 소비뇽' 와인이 대히트를 기록했다. 하지만 보르도에 견줄 만한 프리미엄 스타일의 칠레 카베르네 소비뇽도 존재한다.

	저렴한		비싼		초고가
가격	1	2	3	4	5

동물 라벨 와인의 대표 주자

샤르도네

Chardonnay

※프랑스 P44

희귀 등급
C

역사

칠레에서 인기를 얻기 시작한 것은 1980년대 이후의 일이다.
일본에서는 편의점에서도 살 수 있는 '동물 라벨 와인'이 젊은 세대를 중심으로 사랑받고 있다.
가격대는 양극화되어 있으며, 고급 샤르도네는 호주산과 마찬가지로 무겁지 않고 우아한 맛으로 변화하고 있다.

프랑스 와인과 비교

과실미가 뚜렷하고 직관적인 향이 특징이며, 알코올 도수가 다소 높은 편이다. 그러나 캘리포니아산만큼 묵직하고 리치한 스타일은 아니다.

산지 : 칠레

	저렴한		비싼		초고가
가격	1	2	3	4	5

새로운 땅에서 재배 면적 1위

슈냉 블랑

Chenin Blanc

※프랑스 P80

희귀 등급 A

남아프리카 공화국 : 스틴 *Steen*

역사

17세기, 종교적 박해를 피해 프랑스 루아르 지방의 사람들이 남아프리카 공화국으로 이주했다. 그때 슈냉 블랑 품종도 함께 전해졌다고 한다. 현재 남아프리카 공화국은 세계에서 가장 넓은 슈냉 블랑 재배 면적을 자랑하며, 그중에서도 고령의 포도나무 밭이 다수 남아 있다.

프랑스 와인과 비교

꽃 향은 거의 없지만, 대신 황도 복숭아와 살구 향이 퍼진다. 향이 약한 논 아로마틱 품종이기 때문에, 오크 숙성을 통해 바닐라 향이 더해지는 경우가 많다.

가격	저렴한		비싼		초고가
	1	**2**	**3**	4	5

진짜배기 남아프리카 공화국 토종 품종

피노타주

Pinotage

희귀 등급 **A**

기원과 역사

1925년, "따뜻하고 건조한 남아프리카 공화국에 어울리는 품종을 만들자"는 목표로, 아브라함 페롤드 박사가 피노 누아(P54)와 생소(P90)를 교배해 탄생시킨 품종. 그야말로 진짜배기 남아공 토종 품종이다.

이후 피노타주는 폭발적인 인기를 얻었고, 박사는 분명 두 주먹을 불끈 쥐었을 것이다.

특징

피노 누아와 생소를 교배해 탄생한 만큼, 두 품종의 개성이 뚜렷하게 드러난다. 와인으로 빚으면 피노 누아의 섬세함과 생소의 와일드한 풍미가 공존한다. 주요 스타일은 세 가지로 나뉜다. ① 붉은 베리 향이 나며 과실미 넘치는 '얼리 드링크 스타일', ② 오래된 포도나무에서 얻은 포도로 만든 묵직한 '풀 바디 스타일', ③ 커피 향이 뚜렷한 '커피 스타일'.

산지 : 남아프리카 공화국

재배 적지

서늘 — 온화 — 따뜻 (온화~따뜻 구간 표시)

맛

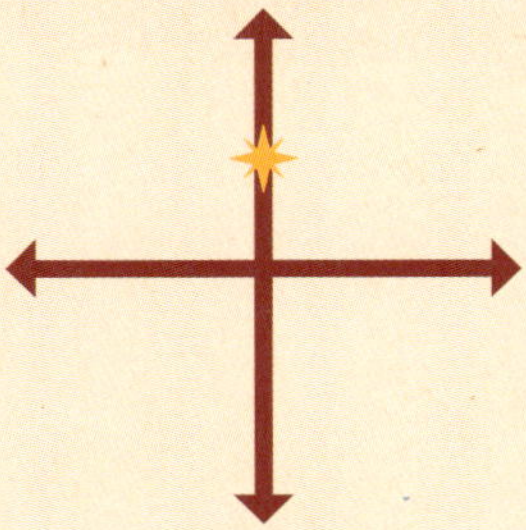

한마디 메모

중간 정도의 탄닌과 높은 산도. 알코올 도수가 높아, 풀 바디 와인이 된다.

향

대표 향

딸기

무두질한 가죽

기타
물감
【오크 숙성】 커피

마시는 시기

▶ 바로 마시기 좋은
▶ 장기 숙성

단일 품종 or 블렌딩

▶ 단일 품종
▶ 블렌딩

양조 · 숙성

저가형은 스테인리스 탱크에서 숙성되고, 프리미엄 와인은 오크통에서 숙성되어 커피 향이 뚜렷하게 느껴진다.

가격

저렴한 — 비싼 — 초고가

1 | 2 | **3** | 4 | 5 (1~3 표시)

가족

피노 누아

생소

은은함 넘버원, '야마토 나데시코'

고슈

희귀 등급
B

기원과 역사

코카서스 지역에서 실크로드를 따라 일본에 전해졌다고 한다.
옛날부터 야마나시현에서 재배되어 왔다고 전해지지만, 실제로 고슈로 와인을 만들기 시작한 것은 메이지 시대 이후의 일이다.
지금의 고슈는 계속 진화 중이다. 소비뇽 블랑(P48)처럼 화려한 스타일의 와인뿐만 아니라, 오렌지 와인 스타일도 등장하고 있다.

특징

껍질에 보라빛 색소와 탄닌이 들어 있어, 청포도임에도 등자색을 띠는 것이 특징이다. 그래서 이 포도로 만든 와인은 종종 베이지빛을 띠며, 향에서는 정향처럼 은은한 스파이시함이 느껴진다.
원래 와인용 품종이지만, 식용으로도 즐길 수 있다. 그래서 과일가게 진열대에서 고슈 포도를 발견할 수도 있을 것이다.

산지 : 일본

재배 적지

서늘 — 온화 — 따뜻 (따뜻)

맛

산도: 4/5

당도: 1/5

한마디 메모

은은한 과실미와 낮은 알코올, 섬세한 맛이 특징이다.

향

대표 향

유자

기타

정향

【숙성】 빵드미(식빵), 긴죠슈

마시는 시기

▶ 바로 마시기 좋은

장기 숙성

단일 품종 or 블렌딩

▶ 단일 품종

블렌딩

양조 · 숙성

뮈스카데(P82)처럼 향은 중립적인 편이어서, '쉬르 리 방식'(P29)을 사용해 긴조슈나 빵드미(식빵) 같은 향을 더하는 경우가 많다.

가격

저렴한 — 비싼 — 초고가

1 **2** 3 4 5

가족

없음

Made in JAPAN의 자부심이 빛나는

머스캣 베일리 A

Muscat Baily A

희귀 등급

B

기원과 역사

진정한 일본 태생의 포도 품종. 메이지 시대, 유럽에서 건너온 포도 품종들은 고온다습한 일본의 기후에서 번번이 실패했다. 그런 가운데, 가와카미 젠베에가 "일본에 맞는 포도를 만들자"는 신념으로 와인용 품종 '베일리'와 식용 품종 '머스캣 함부르크'를 교배하는 데 성공했다. 그 결과, 니가타현에서 머스캣 베일리 A가 탄생했다.

특징

고슈와 함께 일본을 대표하는 품종으로, 현재는 주로 야마나시현을 중심으로 재배되고 있다.
딸기 캔디 향이 피어오르는, 가볍고 매력적인 스타일의 와인이 된다. 언뜻 보면 가메이(P58)와 비슷하지만, 머스캣 베일리 A는 그보다 더 강한 포도 젤리 같은 향을 지니고 있다.

산지 : 일본

재배 적지

서늘 — 온화 — 따뜻 (따뜻)

맛

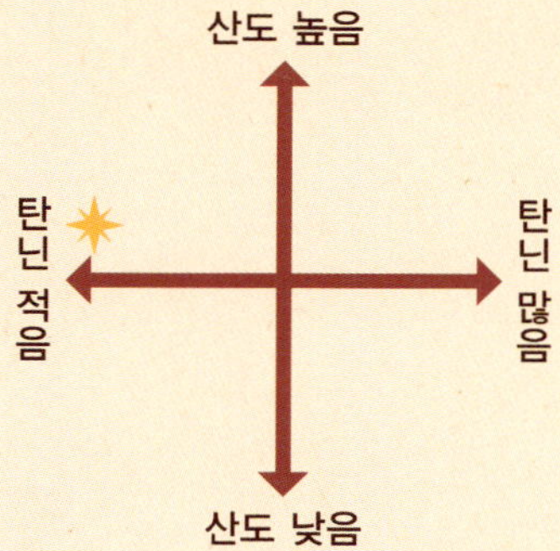

한마디 메모

탄닌이 적고, 가볍다.

향

대표 향

딸기 캔디

기타 포도 젤리, 고구마맛탕

마시는 시기

▶ 바로 마시기 좋은

장기 숙성

단일 품종 or 블렌딩

▶ 단일 품종

블렌딩

양조 · 숙성

떫은맛이 약하기 때문에, 주로 스테인리스 탱크 등에서 숙성되는 경우가 많다.

가격

저렴한 — 비싼 — 초고가

1	**2**	3	4	5

가족

없음

Column

라벨 읽는 법
유럽 이외의 국가 편

품종을 찾으면 와인 이름도 보인다

미국, 호주, 칠레와 같은 나라들의 와인 라벨은 유럽에 비해 단순하고 직관적이어서, 초보자에게 특히 반가운 존재입니다.

기본적으로 **'생산자 + 포도 품종명'이 와인명**이 됩니다. 유럽에서는 토지의 이름이 와인명이 되는 경우가 많아 라벨에 포도 품종명이 표시되는 일은 드물지만, 유럽 밖의 나라들에서는 대부분 품종명이 명확히 기재되어 있습니다. 예를 들어 아래의 라벨이라면, 'ROBERT MONDAVI WINERY(생산자) CABERNET SAUVIGNON(품종명)'이 와인명에 해당합니다.

이는, 유럽에서는 토지의 개성이 와인의 차이를 만든다고 보는 반면, 유럽 이외의 지역에서는 **'포도 품종의 차이'가 와인의 개성을 결정**한다고 생각하기 때문입니다.

대표적인 유럽 이외의 국가의 라벨 ①

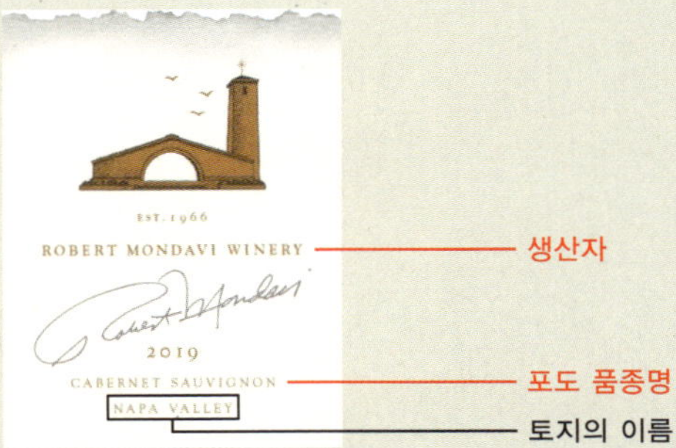

와이너리가 여러 브랜드를 보유한 경우

대부분의 와이너리는 하나의 이름 아래 여러 브랜드를 운영합니다. 이는 마치 도요타가 렉서스나 카롤라 등 다양한 브랜드를 보유하는 것과 같습니다. 이 경우에는 **'생산자 + 브랜드명 + 포도 품종명'이 공식 와인명**이 됩니다.

예를 들어, 다음 라벨의 경우 'ROBERT MONDAVI(생산자) PRIVATE SELECTION(브랜드명) CHARDONNAY(품종명)'이 와인명입니다.

다만, 이렇게 하면 와인명이 너무 길어지기 때문에, 매장 진열대의 POP나 가격표에서는 '생산자'를 생략하고 '브랜드명 + 포도 품종명'만으로 표기되는 경우도 있습니다.

대표적인 유럽 이외의 국가의 라벨 ②

생산자
브랜드명
포도 품종명
토지의 이름

와인
캐릭터
제작 비하인드

Part

5

레스토랑에서 와인을 마셔보자

Explanation

무엇부터 마실까?

먼저 '프롤로그의 한 잔'을

묵직한 문, 화려한 샹들리에, 폭신한 카펫……. 레스토랑에 자리를 잡으면 곧 소믈리에가 다가와 "무엇을 드시겠습니까?"라고 묻습니다.

이때 "아직 음식도 안 시켰는데……"하고 망설일 필요는 없습니다. 격식 있는 레스토랑에서는 식사 전에 한 잔의 술을 곁들이며 메뉴를 고르는 것이 자연스러운 흐름입니다. 조금의 알코올이 들어가면 긴장이 풀리고, 분위기도 한층 부드러워지죠. 음악의 전주, 소설의 프롤로그에 해당하는 술, 그것이 바로 **식전주(아페리티프)**입니다.

"일단 맥주부터"라고 말하고 싶겠지만, 오늘은 와인으로 시작해보는 건 어떨까요? 가장 추천하는 건 **스파클링 와인**입니다. 탄산이 비어 있는 위를 자극해 식욕을 돋워주며, 잔 아래에서 피어오르는 섬세한 거품이 고급스럽고 기분을 끌어올립니다.

특별한 날이라면 샴페인이 제격입니다. 복합적인 향, 부드러운 질감, 생생한 산미는 스파클링 와인의 정수라 할 만하죠. "탄산은 조금 부담스러워서……"하는 분이라면 **드라이한 화이트 와인**을 추천드립니다. 너무 달지 않게 하는 것이 포인트입니다. 달콤한 와인은 혈당을 높여 아직 식사 전인데도 포만감을 느끼게 하기 때문입니다.

망설여질 때는 '가벼운 것'에서 '무거운 것'으로

식전주를 마신 뒤에는 두툼한 와인 리스트를 건네받게 되고, 드디어 주문할 차례가 찾아옵니다. 하지만 막상 주문하려면 "어떤 걸 고르지?"하고 망설이게 되죠.

잔으로 주문한다면 다음과 같은 순서가 이상적입니다. **스파클링 → 드라이 화이트 → (로제 / 오렌지) → 드라이 레드 → 스위트 와인**. 일반적으로 이 순서대로 와인의 무게감이 점점 깊어지기 때문입니다. **가벼운 와인에서 시작해 무거운 와인으로 넘어가면 각 와인의 개성이 한층 돋보이게 됩니다**.

이 순서는 코스 요리와의 궁합에서도 합리적입니다. 대부분의 코스 요리는 가벼운 음식에서 시작해 점점 진한 맛으로 이어집니다. 따라서 가벼운 음식엔 가벼운 와인, 진한 음식엔 진한 와인을 맞추는 것이 이상적입니다.

한 병을 주문해 식사의 처음부터 끝까지 함께하는 것도 멋진 선택입니다. 그럴 경우에는 음식과의 궁합이나 동석한 사람의 취향도 신경 쓰이겠지요. 그럴 때 추천하고 싶은 와인은 역시 **스파클링 와인**입니다. **탄산이 음식의 향이나 맛의 개성을 부드럽게 감싸주기 때문에, 어울리지 않는 요리가 없기 때문**입니다. 스파클링 와인은 식전주로도, 식사 중에도 즐길 수 있는 실용적인 와인이죠. 그중에서도 샴페인은 만능 선수로 잘 알려져 있습니다.

샴페인에는 구운 빵 같은 복합적인 향(**'샴페인 향'**이라 부름)이 포함되어 있어, **일반적으로 와인과 잘 어울리지 않는다고 알려진 어패류, 식초를 쓴 요리, 디저트 등과도 훌륭하게 조화를 이룹니다**.

건배에서 시작해 식사, 그리고 디저트까지 함께할 수 있다는 점이 매력적입니다. 마지막에 즐기는 샴페인을 '마무리 샴페인'이라고 부르기도 합니다.

Explanation

요리에 맞는 와인을 골라보자

'마리아주'의 기본 원칙

요리와 와인을 짝지어 즐기는 것을 **'마리아주(결혼)'**라고 합니다. 사람의 결혼이 개인의 가치관에 따라 달라지듯, 요리와 와인의 궁합에도 절대적인 정답은 없습니다. 본인이 좋기만 하다면, 생선회에 레드 와인을, 캐비아에 스위트 와인을 곁들여도 전혀 문제없습니다.

다만, **많은 사람들이 '맛있다'고 느끼는 보편적인 조합은 존재합니다**. 홈파티나 접대 자리처럼 여러 사람이 함께하는 자리라면, 이 기본 원칙들을 알고 있으면 분명 호감을 살 수 있을 것입니다.

① 같은 땅의 음식엔 같은 땅의 와인

처음 만난 사람이라도 고향이 같으면 금세 친해지는 것처럼, **같은 지역에서 태어난 요리와 와인은 자연스럽게 어울립니다**.

예전에는 지역의 재료로 요리를 만들고, 그 땅의 포도로 와인을 빚었습니다. 그렇게 수백 년을 함께해 온 음식과 와인은 '전통적인 조합', 즉 정통 마리아주로 자리 잡은 것입니다.

② 스케일을 맞춘다

버터가 듬뿍 들어간 진한 소스의 스테이크에 가벼운 화이트 와인을 곁들이면 와인이 요리에 압도당합니다. 반대로, 섬세한 생선 카르파초에 묵직한 레드 와인을 맞추면 요리가 와인의 강렬함에 묻혀버리죠.

그래서 기본 원칙은 간단합니다. **가벼운 요리엔 가벼운 와인, 묵직한 요리엔 묵직한 와인**. 흔히 말하는 "생선엔 화이트 와인, 고기엔 레드 와인"이라는 말도 사실 이 원리를 바탕으로 한 것입니다.

③ 공통점을 찾아라

축구를 좋아하는 사람은 축구팬과, 철도 마니아는 철도 마니아끼리 금세 친해지듯이, 요리와 와인도 공통점이 있으면 자연스럽게 잘 어울립니다.

예를 들어, '색'이 그중 하나입니다. 신기하게도 **요리와 와인의 색이 비슷하면, 맛의 궁합도 잘 맞는 경우가 많습니다**. 일반적으로 고기 요리에는 레드 와인을 권하지만, 닭고기나 돼지고기처럼 흰살고기에는 묵직한 화이트 와인도 훌륭히 어울립니다.

또한, **향이 비슷한 조합도 잘 맞습니다**. 예를 들어, 블랙페퍼 향이 나는 시라 ⇒p52 로 만든 와인은 페퍼 스테이크와 잘 어울리고, 허브 향이 풍부한 소비뇽 블랑 ⇒p48 은 허브를 곁들인 카르파초와 완벽한 궁합을 보여줍니다.

Explanation

꼭 알아두고 싶은 와인 예절

호스트 테이스팅을 부탁받았다면

레스토랑에서 와인을 병째 주문하면, 소믈리에가 "맛을 한번 보시겠습니까?"라며 잔에 소량을 따릅니다. 이것이 바로 **'호스트 테이스팅'**입니다. 동석자들의 시선이 집중되는 순간이기도 하죠. 레스토랑에서 가장 긴장되는 순간일지도 모릅니다.

앞서 말했듯이, 와인은 언제나 완벽한 상태인 것은 아닙니다. 때때로 결함(부쇼네 등) 이 있을 수도 있기에 ⇒p190, 소믈리에는 병을 연 뒤 주문자에게 반드시 확인을 요청합니다. 일반적으로 이 역할은 그 테이블의 주최자(초대한 사람) 가 맡습니다.

평소 와인을 시음할 때처럼 외관 → 향 → 맛의 순서로 확인해 봅시다 ⇒p188.

테이블보 위에서 잔을 기울여 **탁하지 않은지 살피고, 신문지나 젖은 골판지 냄새가 나지 않는지도 맡아봅니다**. 여기서 멈추지 말고, **직접 한 모금 머금어 맛에 이상이 없는지 확인해야 합니다**.

처음엔 긴장되겠지만 괜찮습니다. 만약 "어딘가 이상하다"는 느낌이 든다면, 주저하지 말고 소믈리에에게 알려주세요.

레스토랑에서의 와인 매너

와인 매너라고 하면 어렵게 느껴지지만, 사실은 한 번 알고 나면 누구나 바로 실천할 수 있는 간단한 예절입니다.

① 누가 와인을 따라야 할까?

미슐랭 스타 레스토랑 같은 고급 식당에서는 **소믈리에가 와인을 따릅니다**. 잔 단위로 주문한 경우, 잔이 비어갈 때쯤 소믈리에가 다가와 "다른 와인도 드시겠습니까?"라고 묻습니다. 병으로 주문한 경우, 눈짓으로만 신호를 보내면 소믈리에가 자연스럽게 따라줍니다. 손을 들거나 "저기요~" 하고 부르거나, 기다리다 못해 직접 따르는 것은 매너 위반입니다.

② 와인을 따를 때는

일본식으로 사케를 받을 때는 두 손으로 잔을 들지만, 와인은 절대 잔을 들지 않습니다. **소믈리에가 따를 때는 잔을 테이블 위에 그대로 두는 것이 원칙**입니다.

③ 레이디 퍼스트의 마음으로

와인의 세계에서는 여성을 먼저 대접하는 문화가 있습니다. 이는 와인이 유럽에서 비롯된 음료로, '기사도 문화'의 전통이 남아 있기 때문이라고 할 수 있습니다. 그렇기에 소믈리에는 항상 여성에게 먼저 와인을 따릅니다(단, 호스트가 여성인 경우에는 그 여성이 마지막이 되는 예외가 있습니다). 격식 없는 자리라도, **여성에게 병을 들게 하거나 와인을 따르게 하는 일은 절대 금물입니다**. 이는 와인 세계에서 큰 금기로 여겨지며, 프랑스에서는 여성이 와인을 따르는 것을 '매춘부의 행동'이라 부를 정도입니다.

Explanation

와인을 직접 가져가 보자

나만의 특별한 와인을 'BYO'로

와인을 알면 알수록, 당신에게 '특별한 와인'이 생길지도 모릅니다. 하지만 "기념일이니 특별한 와인으로 건배하고 싶다"고 생각했을 때, 그 와인이 식당에 없을 수도 있죠. 이럴 때 도움이 되는 제도가 있습니다.

바로 **'BYO (Bring Your Own Wine)'**, 즉 직접 와인을 가져가는 시스템입니다. 이 아이디어는 창의적인 문화로 유명한 호주에서 처음 시작되었습니다.

생일 파티에 자신이 태어난 연도의 와인을 가져가거나, 애정 있는 와인을 모아 레스토랑의 음식과 함께 즐기는 모임을 열 때 아주 유용한 제도입니다.

식당에 전화해 보거나 인터넷 검색으로 BYO 가능 여부를 미리 확인할 수 있습니다.

BYO에도 예절이 있다

레스토랑은 일반적으로 음식보다 주류 판매에서 수익을 얻습니다. 따라서 손님이 와인을 직접 가져오면 그만큼 매출이 줄어듭니다.

그렇기에 식당에 대한 예의를 지키는 BYO 매너를 알아두는 것이 중요합니다.

① 콜키지를 지불하기

BYO를 허용하는 식당에서는 보통 콜키지 요금을 청구합니다. **도쿄 기준으로 한 병당 약 2000~3000엔 정도**입니다. 따라서, 이 비용에 걸맞은 품격 있는 와인을 가져가는 것이 좋습니다. 비싼 콜키지를 내고 1000엔짜리 와인을 마신다면 당신도, 식당도 그다지 즐겁지 않겠죠.

② 모든 와인을 직접 가져오지 않기

건배용이나 디저트 와인 정도는 식당에서 주문하는 센스를 보이는 게 좋습니다. 이런 배려 하나로 분위기가 한층 부드러워집니다.

만약 당신이 가져간 것이 **희귀한 와인이라면, 소믈리에에게 "괜찮으시다면 한 잔 드릴까요?" 하고 건네보세요. 아마 진심으로 기뻐하며 감사의 미소를 지을 것입니다**.

스마트한 BYO는 단순한 행동이 아니라 품격 있는 매너입니다. 이런 배려를 알고 실천하는 사람이야말로 진짜 멋진 와인 애호가라고 할 수 있겠죠.

맺으며

최근 'sober curious(소버 큐리어스)'라는 라이프스타일이 주목받고 있습니다. 'sober(술에 취하지 않은)'와 'curious(호기심 많은)'를 결합한 말로, 술을 마시지 않거나 취하지 않은 상태에서도 삶을 즐기는 새로운 방식입니다. 그 배경에는 건강에 대한 관심의 고조, 그리고 술 이외의 즐길 거리가 다양해진 현실이 있는 듯합니다. 특히 와인에 대해서는, 이른바 '와인 고수'들이 너무 어렵게 이야기해온 탓에 '왠지 까다로운 술'이라는 인식이 생겨버린 것도 한 이유일지 모릅니다.

그런 가운데, 이 책 속의 의인화된 포도 품종 캐릭터들은 왠지 모르게 친근하고 정감이 느껴집니다. 왕자님 같은 캐릭터, 아이돌풍의 캐릭터, 어딘가 그늘이 있는 캐릭터, 전통 의상이 인상적인 캐릭터까지……. 분명 여러분도 마음에 드는 품종을 찾으셨을 거라 믿습니다. 이 책을 통해 "와인이 마시고 싶어졌다", "다음엔 이 품종을 시도해봐야겠다"는 생각이 들었다면, 저자로서 이보다 더 기쁜 일은 없습니다.

끝으로, 포도 품종에 개성을 부여하고 목소리를 불어넣는 과정은 생각했던 것보다 훨씬 어려운 작업이었습니다. 어떻게 하면 독자분들이 더 설레며 읽을 수 있을까를 고민하며, 편집자 나카노 하루카 님, 일러스트레이터 나카이 와코 님과 함께 수없이 머리를 맞대었습니다. 이 자리를 빌려, 두 분께 진심 어린 감사를 드립니다.

시다카 아키

샤르도네

어느 날은 복숭아, 또 어느 날은 파인애플. 다양한 의상으로 변신하는 천의 얼굴 아이돌★

리슬링

하얀 꽃무늬 원피스는 '순수함'의 상징. 그 품에 안은 과일 향도 함께 찾아보세요.

소비뇽 블랑

정원을 가꾸는 걸 좋아하는 내추럴한 그녀. 키우는 건 향긋한 허브랍니다.

카베르네 소비뇽

전세계를 무대로 활약하는 주인공. '지배자'이자 '정복자'의 아우라도 느껴집니다.

시라

스파이시한 가죽 재킷이 잘 어울리는 록 스피릿의 남자. '쉬라즈'와의 차이도 눈여겨볼 것.

피노 누아

고귀하고, 까다롭고, 관능적. 의인화가 아니라 '신격화'가 더 어울리는 캐릭터.

알리고테

언니 샤르도네보다 약간 새침한 건… 지나치게 강한 산미 탓일지도?

가메이

딸기 캔디풍 패션이 매력 포인트! 달콤하고 사랑스러운 11월의 주인공.

세미용

누구보다도 달콤한 그녀가 즐겨 입는 건 살구 무늬가 포인트인 로리타 패션.

뮈스카델

조연이지만 그녀 없이는 무대가 시작되지 않는다! 화려함을 더하는 '도움을 주는 요정'

카베르네 프랑

마치 '어머니' 같은 포근한 존재감. 그녀 앞에서는 피망도 가리지 말고 먹어주세요.

메를로

카베르네 소비뇽을 꼭 닮았지만, 왠지 더 다정하고 친근한 매력의 남자.

프티 베르도

만나면 행운!? 수상한 병 속에 는 짙은 탄닌의 비밀스러운 매력이 숨어 있답니다.

뫼니에

복슬복슬한 의상을 입고 추운 샹파뉴 지방에서도 활약하는 든든한 존재!

피노 블랑

편안한 홈웨어 차림으로 건배! 일상 속에서 편하게 마시기엔 이만한 분위기가 없죠.

피노 그리

색감으로 드러나는 그녀의 개성. 샌드위치와 함께 가볍게 즐겨보지 않을래요?

게뷔르츠트라미너

밤거리가 잘 어울리는 압도적 고저스 캐릭터. 하얀 장미와 분홍빛 껍질이 매혹의 포인트.

뮈스카

한번 만나면 누구나 사랑에 빠진다는 소문이 있을 정도죠. 오늘 밤, 로맨틱한 만남에 건배♡

슈냉 블랑

젖은 짚단조차 그녀가 들면 신기하게도 패션 아이템. 헤어 액세서리는 인동덩굴꽃.

뮈스카데

바닷가가 어울리는 샤르도네의 여동생. 식빵 향에 이끌려 온 갈매기들과 친구예요.

비오니에

여성들에게 인기 만점의 향기를 두른 걸리시한 소녀. 하지만 의외로 술에는 강하답니다.

루산 & 마르산

몸이 약한 루산과, 말썽꾸러기 형제 마르산. 티격태격하지만 형제애만큼은 누구보다 끈끈!

그르나슈

중세풍의 의상을 차려입고, 강인함과 고귀함을 겸비한 그 자태는 그야말로 프린스.

생소

그르나슈를 꼭 닮은 성실한 청년. 그의 럭키 컬러는 로제를 닮은 벚꽃빛 핑크.

까리냥

어딘가 투박하고 시골스러워 보여도, 시간이 지나면 더 빛을 발하는 대기만성형.

타나

그 강렬한 탄닌은 마피아 보스급! 언더월드의 남자라 쉽게 만날 수 없습니다.

네비올로

누가 봐도 왕의 풍모. 의상은 고향 피에몬테주의 왕가 문장에서 영감을 받았습니다.

산지오베제

시골에서 자란 활기 넘치는 소녀. 검은 수탉과 의상 디자인은 와인 '키안티'의 병에서 따왔어요.

알리아니코

이탈리아 여성들 사이에서는 '네비올로파 vs 알리아니코파'로 나뉜다는 소문도.

글레라

트레이드마크는 사과 모양 가방. 사교적이고 밝은 성격 덕분에 모두에게 사랑받는 캐릭터.

베르디키오

초록빛이 잘 어울리는 소박한 소녀. 아몬드 향에 이끌려 숲속의 동물들이 모여드는 듯합니다.

가르가네가

베네치아풍 의상을 걸친, 다채로운 가면으로 어떤 역할도 소화하는 천재 엔터테이너.

바르베라

"메를로? 그런 말 자주 듣지만, 조금 닮았을 뿐이야." 주말에 와인을 즐기는 타입.

돌체토

직업은 파티시에. 매일 먹어도 질리지 않을, 소박하면서도 달콤한 디저트를 만드는 전문가.

모스카토

스파클링 와인처럼 반짝이는 진주 드레스는 그녀의 데이트룩. "오늘 밤, 저와 함께 하실래요?"

피노 그리지오

프랑스와의 차이를 즐겨보세요. 깔끔한 와인이 되어 이탈리아의 정통 요리가 잘 어울립니다.

코르비나

'그늘'과 '까마귀'는 찰떡궁합. 그의 붕대한 오른손에 함부로 손대지 말 것. 무언가 사연이….

리볼라 지알라

미모사빛 머리와 귤빛 드레스. 화사한 겉모습과 달리, 의외로 약간의 씁쓸한 매력이 있습니다.

베르멘티노

사르데냐 아름다운 바다를 리조트 패션으로 만끽하는 중. 원피스의 무늬는 아카시아입니다.

페코리노

양의 가죽을 걸친 양치기. 이어 붙인 옷자락들은 쇠락했던 과거가 있었음을 말해줍니다.

몬테풀치아노

"많이 먹고, 많이 마셔!" 든든하고 의리 있는 큰언니 같은 존재. 어떤 상황에도 흔들리지 않습니다.

피아노

그림속의 여왕벌이 인간으로 변신해 걸어나온 듯하다. 그 어두운 표정엔 슬픈 과거가?

네렐로 마스칼레제

고향인 화산을 연상시키는 뜨거운 패션과 장난기 가득한 성격. 지금 가장 인기 폭발 중인 스타!

템프라니요

슈퍼 히로인은 의상 하나로 분위기를 바꾸는 법을 알죠. "오늘은 어떤 옷을 입을까?"

까리네냐

세계 곳곳을 누벼 봐도, 투우와 포도는 내 고향 스페인 것이 최고다냥!

가르나차

프린스 그르나슈가 스페인에서는 왕으로 즉위! 국기를 연상시키는 의상이 자부심을 드러냅니다.

모나스트렐

사람보다 동물과 대화하는 데 더 능한 말없는 사냥꾼, 지금도 베일에 싸인 부분이 많다.

알바리뇨

바다와 가장 잘 어울리는 그녀는 초록빛 인어. 멀리 바다를 헤엄쳐 일본까지 찾아온 여행자.

팔로미노

전통 플라메코 의상을 차려입고, '베넨시아'라 불리는 도구로 셰리를 잔에 따릅니다.

토우리가 나시오날

오랜 숙성이 취미인 잠꾸러기 신사. 포르투갈 상징인 수탉 모양의 베개를 꼭 껴안고 잡니다.

크시노마브로

그리스 신화에서 걸어나온 듯한 전사. 낙엽빛 붉은 색은 그의 불타는 투지의 상징.

사바티아노

그리스의 패션 리더. 요즘은 '소나무'를 활용한 패션에 푹 빠져 있습니다.

그뤼너 벨트리너

음악의 나라 오스트리아를 대표하는 그의 모습에, 유명 음악가의 실루엣이 겹쳐집니다.

푸르민트

왕족과 귀족의 총애를 받기에 걸맞은 고귀한 드레스의 이름은 '허니 드레스'입니다.

뮐러 투르가우

'립프라우밀히' 라벨 속에서 나온 듯한 모자 캐릭터. 그들의 쓸쓸한 표정에는 어떤 사연이?

실바너

복스보이텔 병 모양의 원피스와 토끼 귀처럼 보이는 월계수 머리띠도 함께 눈여겨 봐주세요.

리슬링

독일은 프랑스보다 더 추우니까, 하얀 원피스에서 방한 스타일로 체인지!

비달

혹한의 캐나다 출신, 방한 준비는 완벽! 옷자락에는 작은 단풍잎 장식으로 조국 사랑을 살짝 어필.

진판델

미국에서 활약하는 그녀의 취미는 축구 관전. 휴일엔 고향 크로아티아 팀을 응원합니다.

카베르네 소비뇽(미국)

어디서나 인기 만점! 스트리트 패션에 햄버거 한 입을 무는 장면도 화보가 됩니다.

샤르도네(미국)

글래머러스하고 섹시한 이 치어리더는 사회적 현상까지 일으키는 인플루언서입니다.

피노 누아(미국)

프랑스의 관능미를 벗고 친근함을 더한 스타일. 하지만 카리스마 뒤에는 눈물겨운 노력의 흔적이.

쉬라즈(호주)

거친 인상 뒤의 달콤한 취향. 특히 초콜릿이라면 절대 거부 못 합니다.

샤르도네(호주)

광활한 대자연 속에서 야생 동물과 친구가 된 자유인. 의상은 물론 사파리 스타일!

세미용(호주)

프랑스가 로리타라면, 호주는 고딕 로리타 스타일. 당신은 어느 쪽을 선택하시겠어요?

소비뇽 블랑(뉴질랜드)

향도 풍성해지고, 재배지도 늘어났습니다. 머리 장식은 패션프루트꽃.

피노 누아(뉴질랜드)

이 나라의 상징 새 '키위'를 데리고 다니는 매혹의 존재. 국가가 달라져도 독보적인 존재감.

말벡

메를로의 형제로 탱고가 특기. 자세히 보면 헤어스타일과 눈매가 묘하게 닮았죠.

토론테스

아르헨티나 초원의 '가우초' 복장을 완벽히 소화하는 향기로운 미남.

파이스

오늘도 길 잃은 양 한 마리가 그에게 고해성사를 하러 문을 두드리네요.

카르메네르

가족들은 서로 쌍둥이처럼 닮았네요. 공통된 향은 민트. 그들의 옷을 자세히 확인해 보세요.

까리냥(칠레)

프랑스판 까리냥이 옷을 갈아입었네요. 칠레 전통 폰초 스타일도 너무 잘 어울리냥!

카베르네 소비뇽(칠레)

사람뿐 아니라 동물에게도 인기 만점! 칠레의 훔볼트펭귄조차 그에게 마음을 연 듯합니다.

샤르도네(칠레)

칠레풍 원피스에 새겨진 건, 편의점 와인 라벨에서 자주 보이는 그 동물!

슈냉 블랑(남아공)

머리 위에 복숭아와 살구를 얹고 아프리카의 자유로움을 만끽! 의상의 디자인에도 주목!

피노타주

커피 아이템으로 스타일은 세련되면서도 와일드하게. 부모 품종과의 공통점도 찾아보세요.

고슈

포도껍질과 같은 연보라빛 기모노가 그녀의 고결함과 기품을 전해줍니다.

머스캣 베일리 A

딸기 사탕과 포도 젤리를 사랑하는, 일본에서 가장 사랑받는 상큼발랄 소녀.

다운로드 특전 추천 와인 리스트

이 책을 읽어주신 독자 여러분께,
저자 시다카 아키가 직접 추천하는 입문자용 와인 리스트를 선물로 드립니다!
책 속에 등장한 포도 품종들을 실제 매장에서 찾아보세요.

다운로드 방법

1. 스마트폰으로 카메라 혹은 QR 코드 스캔앱을 실행해 주세요.
2. QR 코드를 스캔하면 링크가 표시됩니다. 표시된 링크를 터치하면 구글 드라이브에 저장된 PDF 파일로 연결됩니다. 자신의 기기에 저장해 활용하세요.

이 책의 공식 계정이 개설되었습니다!

캐릭터 소개, 제작 비하인드 스토리,
최신 와인 정보도 계속 업데이트 중입니다.
꼭 한 번 체크해 보세요!

X

Instagram

지은이 시다카 아키(紫貴あき)

일본 최대 규모의 와인 스쿨인 아카데미 뒤 뱅 강사. 게이오기주쿠대학 졸업 후 대형 수입상사에 근무. 퇴사 후 미국으로 건너가 와인 수련을 거친 뒤 귀국. 현재는 와인 스쿨과 기업 연수 등에서 강의를 맡고 있으며, 집필 · 감수 · 취재 협력 · 방송 출연 등 폭넓게 활동 중이다.
2016년 일본소믈리에협회(J.S.A.) 주최 와인 어드바이저 전국선수권 대회 챔피언. 지금까지 3500명 이상의 수강생을 지도했으며, 전원 합격반을 네 차례 달성하는 등 실력과 인기를 겸비한 톱 강사이다.
저서로는『제로부터 시작! 시다카 아키의 소믈리에 시험 첫 번째 교과서』(가도카와)가 있다.

일러스트 나카이 와코(中井わこ)

디자이너 · 일러스트레이터. 전문학교 졸업 후 게임회사에 입사하여 캐릭터 디자인, 애니메이션, UI 등을 담당. 현재는 프리랜서로 활동 중이며, 아케이드 게임을 좋아한다.

옮긴이 신도현

일본어 번역가. 비즈니스 현장과 영상 콘텐츠 분야에서 번역과 자막 작업을 해왔다. 문장을 다루는 일의 깊이를 책을 통해 새롭게 경험하고 있다. 정확함과 자연스러움을 모두 담은 번역을 목표로 한다.

캐릭터로 보는 와인도감

초판1쇄 펴낸날 2025년 12월 30일
펴낸이 박세경 | 펴낸곳 도서출판 경당
출판등록 1995년 3월 22일(등록번호 제1-1862호)
주소 (04002) 서울시 마포구 월드컵북로5나길 18 대우미래사랑 209호
전화 02-3142-4414~5 | 팩스 02-3142-4405 | 이메일 kdpub@naver.com
ISBN 978-89-86377-67-5 13590 | 값 19,000원
잘못 만들어진 책은 구입처에서 바꾸어드립니다.